D1721082

Felix von Cube
Gefährliche Sicherheit

Felix von Cube

Gefährliche Sicherheit

Lust und Frust des Risikos

3. Auflage

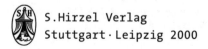
S. Hirzel Verlag
Stuttgart · Leipzig 2000

Die Deutsche Bibliothek - CIP-Einheitsaufnahme

Cube, Felix /von:
Gefährliche Sicherheit : Lust und Frust des Risikos / Felix von Cube. -
3. Aufl.. - Stuttgart ; Leipzig : Hirzel, 2000
    ISBN 3-7776-0998-6

© 2000 S. Hirzel Verlag, Birkenwaldstraße 44, 70191 Stuttgart
Printed in the Federal Republic of Germany
Satz: Schreibbüro Ilchmann, Rosenweg12/1, 73765 Neuhausen a.d.F.
Druck: Wilhelm Röck, Weinsberg
Umschlaggestaltung: de'blik, berlin

Vorwort

Merkwürdig: Der Mensch strebt nach Sicherheit und Geborgenheit, er strebt aber auch nach Abenteuer und Risiko.

Die Verhaltensbiologie löst das Problem: Der Mensch sucht nur dann Unsicherheit auf, wenn er sich sicher fühlt. Er baut die Unsicherheit ab und gewinnt so neue Sicherheit. Das ist ein erhebendes Gefühl. Bergsteiger und Drachenflieger, Forscher und Politiker, Brückenspringer und viele andere können ein Lied davon singen.

Aber: Fühlt der Mensch sich immer zu Recht sicher? Beruht sein Sicherheitsgefühl nicht eher auf Glaube, auf Überheblichkeit, auf Ignoranz? Geht er deswegen so hohe Risiken ein? Stürzt er am Ende deswegen ab?

Im vorliegenden Buch geht es nicht um Spekulationen über selbstgemachte und selbstgerechte Menschenbilder, es geht um naturwissenschaftliche Erkenntnisse über Triebe, über das Luststreben, über menschliches Verhalten. Ich bin »sicher«, daß wir nur mit nüchternen Erkenntnissen über unsere eigene, evolutionär gewordene Natur auf Dauer überleben können.

Inhalt

Zur Einführung:
Ein kurzer Überblick

Kann Sicherheit gefährlich sein?

Obwohl der Mensch ganz eindeutig nach Sicherheit strebt – Sicherheit des Arbeitsplatzes, Sicherheit in Ehe und Familie, Sicherheit der Altersversorgung, Sicherheit im Glauben – geht er immer wieder erstaunliche Risiken ein: Er steigt in extrem schwierige Felswände, surft bei Sturm und Regen, riskiert bei Drachenflügen Kopf und Kragen, macht riskante Überholmanöver, geht auf Abenteuerreisen, riskiert einen Seitensprung oder einen Herzinfarkt. Immer mehr junge Menschen, und nicht nur junge, fahren Motorrad, obwohl dies objektiv 40mal gefährlicher ist als Autofahren. Dabei spielt das Geld keineswegs die entscheidende Rolle: Zum einen sind Motorräder oft ebenso teuer wie Autos, zum anderen gibt es nicht wenige Freaks, die sich das Motorrad zusätzlich leisten, sozusagen als Delikatesse. Überhaupt ist festzustellen, daß viele Menschen das Risiko nicht nur aufsuchen, sondern auch noch teuer bezahlen.

Noch etwas ist merkwürdig: Wer ein sicheres Auto hat, fährt schneller, wer ein Auto mit ABS-Bremsen fährt, fährt riskanter. Die Versicherungen (!) haben den Bonus für ABS-Bremsen längst rückgängig gemacht: Sicherheit verlockt zum Risiko. Wer eine enge Kurve mit »40« nimmt, geht in eine ausgebaute mit »100«. Die Psychologen sprechen vom »Elendserhaltungsgesetz«, die Verkehrsplaner kennen es offenbar nicht.

Aber es ist auch ein rätselhaftes Verhalten: Statt froh zu sein, mehr Sicherheit zu haben, setzt man sie gleich wieder aufs Spiel; und je größer die Sicherheit ist, um so größer ist auch das Risiko. Wer an einen Schutzengel glaubt, fährt wie der Teufel.

10

Wie kommt es zu diesem Verhalten? Warum sucht der Mensch auf der einen Seite Sicherheit und Geborgenheit, auf der anderen aber Risiko und Abenteuer?

Neugier und Risiko: Gewinn an Sicherheit

Es klingt zunächst paradox, aber bei näherer Betrachtung wird es ganz klar: Der Mensch sucht das Risiko auf, um Sicherheit zu gewinnen. Worin liegt denn der Sinn des Erkundens neuer Länder? Er liegt im Kennenlernen dieser Länder, im Bekanntmachen des Unbekannten, im Gewinn an Sicherheit. Auch wenn wir einen neuen Menschen kennenlernen, vergrößern wir unsere Sicherheit: Der Unbekannte wird zum Bekannten, zum Berechenbaren, zum Vertrauten. Warum lösen wir Probleme? Wir lösen sie, damit es keine Probleme mehr sind. Wir machen aus dem Unbekannten Bekanntes, aus Unsicherheit Sicherheit.

Also: Das Neue ist nur der Reiz der Neugier – der Sinn der Neugier ist Sicherheit. Der Sinn besteht darin, das Neue bekannt zu machen und damit die Sicherheit zu erhöhen.

Dabei ist es nicht nur sinnvoll, das Neue zu erforschen, das in unserer Lebenswelt auftaucht. Noch wirkungsvoller ist es, das Neue aufzusuchen, die Grenzen des Reviers zu überschreiten, neue Probleme zu suchen. Gewiß – das Neue, das Unbekannte ist mit Risiko behaftet, mit Unsicherheit. Aber der Einsatz lohnt sich: Je größer die erforschte Umgebung ist, je mehr Probleme gelöst sind, je mehr Wissen man hat, je mehr Neues zu Bekanntem geworden ist, desto größer ist die erreichte Sicherheit. In einer bekannten Umgebung bewegen wir uns sicher, wir wissen, was wir zu erwarten haben, wir können unsere Aufmerksamkeit wiederum auf Neues richten.

Jetzt stehen wir vor der Lösung unseres Problems. Neugier ist ein Trieb! Der auslösende Reiz ist das Neue, Unbekannte, Unsichere. Ist der Reiz nicht vorhanden, suchen wir ihn auf. Wir sind »gierig« auf das Neue, wir strengen uns an, Neues zu finden: Haben wir das Neue gefunden, machen wir es uns bekannt; es wird unserem Sicherheitssystem einverleibt, wir verwandeln

Unsicherheit in Sicherheit. Darin, einzig und allein darin, liegt der Sinn der Neugier.

Für die Anstrengung, die mit dem Aufsuchen des Neuen und mit der Verwandlung von Unsicherheit in Sicherheit verbunden ist, werden wir mit Lust belohnt. Jeder kennt die Lust, die mit der Lösung eines Problems verbunden ist. Sie reicht vom Aha-Erlebnis bis zum Freudentanz. Jeder kennt auch die Lust, die mit der überstandenen Gefahr verbunden ist: Man hat's geschafft, man ist wie neu geboren.

Das Sicherheits-Risiko-Gesetz

Jetzt verstehen wir das Risikoverhalten besser: Das Neue, Unbekannte, eventuell Gefährliche wird nur auf der Basis von Sicherheit aufgesucht. Besteht noch Unsicherheit, muß diese erst beseitigt werden. Kein Mensch riskiert etwas, wenn er unsicher ist, denn Unsicherheit bedeutet Angst. Ein ängstlicher Mensch muß seine Situation erst wieder »in Ordnung bringen«, er konzentriert sich auf die Wiederherstellung von Sicherheit.

Haben wir aber Sicherheit erreicht, und genießen sie vielleicht schon längere Zeit, dann »treibt« es uns zur Unsicherheit, zum Risiko. Wir haben »Hunger« nach Risiko.

Warum fährt man mit ABS-Bremsen schneller? Weil man aus der gewonnenen Sicherheit heraus neue Unsicherheit aufsucht. Langsam zu fahren ist »reizlos«: Es fehlt der Reiz der Unsicherheit, es wird langweilig. Schnell zu fahren, oder besser: riskant, ist reizvoll: Man erlebt intensiv die stets neu gewonnene Sicherheit. Fährt man allerdings zu riskant, wird die Unsicherheit zu groß: Man kann sie nicht abbauen, sie bleibt bestehen, man bekommt Angst.

Warum ist Klettern so lustvoll? Der Psychologe Csikszentmihalyi hat leidenschaftliche Bergsteiger befragt, ob sie das Klettern für gefährlich hielten. Antworten waren beispielsweise: »Klettern ist nur gefährlich, wenn man gefährlich klettert.« – »Sehr selten. Hie und da tue ich etwas, was gefährlich ist. Meist verhalte ich mich aber sicherheitsbewußt.« – »Den Gefahrengrad bestimmt man in gewisser Weise selbst.«

Das Klettern selbst beschreiben die Bergsteiger als überaus lustvoll, es handle sich um ein ganzheitliches Gefühl, ja, um das höchste der Gefühle überhaupt. Ganz ähnlich äußerten sich Schachspieler, Motorradfahrer, Forscher, Chirurgen, Künstler, Sportler und andere. Csikszentmihalyi bezeichnet dieses völlige Aufgehen in der Tätigkeit selbst als »Flow«. Warum ist Klettern lustvoll? Weil man bei jedem Schritt Unsicherheit in Sicherheit verwandelt.

Das Flow-Erlebnis besteht im Gewinn an Sicherheit, in der lustvollen Befriedigung des Sicherheitstriebes.

»Natürlich« wird die Verwandlung von Unsicherheit in Sicherheit nur dann »in Angriff genommen«, wenn sie Erfolg verspricht. Wird die Unsicherheit als zu groß empfunden, geht man dem Risiko aus dem Weg oder versucht, Angst zu vermeiden. Glaubt man aber, das Risiko bewältigen zu können, läßt man sich den Orgasmus des Sicherheitstriebes nicht entgehen.

Aus dem Sicherheitstrieb läßt sich das, wie ich es nennen möchte, Sicherheits-Risiko-Gesetz ableiten: Je größer das Sicherheitsgefühl, desto größer das Risiko. Jemand, der sich sicherer fühlt als ein anderer, muß, um Unsicherheit aufzuspüren, ein größeres Risiko aufsuchen. Wenn Kinder von einer Mauer herunterspringen, gehen sie ja meist an die Grenze ihres Sicherheitsgefühls. Dabei gehen ältere oder besonders sportliche Kinder »weiter« als kleinere oder weniger sportliche. Daran erkennen wir, daß das subjektive Risiko im allgemeinen nicht zunimmt. Ein geübter Bergsteiger empfindet bei einem höheren Schwierigkeitsgrad kein größeres (subjektives) Risiko als ein ungeübter bei einem geringeren Schwierigkeitsgrad.

Die fünf Risikofaktoren

Normalerweise geleitet uns das Risikogesetz »sicher« durchs Leben: Wir nehmen nur dann Risiken auf uns, wenn wir uns ihnen »gewachsen« fühlen. Aber es lauern auch Gefahren im Risikogesetz, nämlich dann, wenn wir uns zu sicher fühlen, wenn unser Sicherheitsgefühl größer ist, als es den Umständen nach sein dürfte.

13

Jeder kennt Fälle, in denen man zu viel riskiert. Kann man sie benennen? Ich denke ja. Dabei komme ich auf fünf Risikofaktoren:

Erster Faktor: Angstvermeidung
Angst ist mit Unsicherheit verbunden, also gibt es naturgemäß kein Risiko aus Angst. Dieses kann jedoch dann entstehen, wenn man die Angst durch eingebildete Sicherheit beseitigt, wenn man an höhere Mächte glaubt, die Unheil fernhalten, die einen behüten und beschützen. Das Gefühl der Geborgenheit läßt die tatsächliche Unsicherheit vergessen. Statt diese abzubauen, sucht man neue auf – unangemessene, ja, maßlose.

Zweiter Faktor: Überheblichkeit
Die meisten Menschen neigen dazu, sich selbst zu überschätzen, sich größer zu fühlen, stärker, intelligenter als sie sind. Dadurch zerstören sie das Gleichgewicht von Sicherheit und Risiko: Der Überhebliche wird leichtsinnig, er begibt sich in Gefahr – und kommt darin um. Auch das andere Sprichwort stimmt: Hochmut kommt vor dem Fall.

Dritter Faktor: Ignoranz
Wenn man von einer objektiven Schwierigkeit nichts weiß oder eine Gefahr unterschätzt, hat man auch keinen Grund, sich unsicher zu fühlen. Wer die Gefahren beim Bergsteigen oder Segeln nicht kennt, geht unbekümmert ein größeres objektives (nicht subjektives) Risiko ein. Die Unkenntnis der wirklichen Schwierigkeiten und Gefahren beruht häufig auf Leichtfertigkeit oder auch darauf, daß man Warnungen »in den Wind schlägt«.

Am gefährlichsten aber ist und bleibt die Dummheit. Wer einen Reaktorunfall mit seinen totalen und globalen Folgen mit einem Autounfall vergleicht, macht einen katastrophalen Denkfehler. Solche Fehler können Millionen von Menschen das Leben kosten.

Vierter Faktor: Langeweile
Daß man aus Langeweile Streit sucht, Drogen probiert, mit dem Auto rast oder sogar einen Diebstahl begeht, ist hinlänglich

bekannt. Aber warum ist das so? Der Sicherheitstrieb erklärt es: Langeweile ist die Entbehrung von Unsicherheit! Die Sicherheit ist perfekt, alles ist bekannt, gespeichert, gewohnt, man kennt die Umgebung, die Menschen, den Alltag. Also »treibt« es einen zu Neuem, Unbekanntem, Unsicherem. Was machen wir jetzt? Wo ist was los? Das Verlangen wird unerträglich. Schließlich »giert« man nach allem Neuen, jedes Risiko ist recht. Der Trieb verlangt Befriedigung.

Fünfter Faktor: Lust

Es ist ja nicht nur die Neugierlust, die zum Risiko verführt, Lust erweist sich in jedem Falle als Risikofaktor: Was riskiert man nicht alles der »Freßlust« wegen! Winkt sexuelle Lust, riskieren viele Menschen Krankheiten oder gar den Tod. Auch aggressive Lust, etwa beim Überholen im Straßenverkehr, verführt zum erhöhten Risiko. »Natürlich« ist ein angemessenes Risiko aus sexueller oder aggressiver Lust evolutionär durchaus sinnvoll – wer nicht wagt, gewinnt nicht – aber: Wer behält beim Luststreben einen klaren Kopf?

Risikoverhalten im Alltag

Mit der Erkenntnis des Sicherheitstriebs und des Risikogesetzes verstehen wir unser tägliches Risikoverhalten besser, und wir erkennen auch die Fehler, die wir täglich begehen. Nehmen wir zum Beispiel den Beruf. Ein ängstlicher Mitarbeiter exploriert nicht, er ist dauernd mit der Eingrenzung oder dem Abbau von Unsicherheit beschäftigt. Tatkräftig, kreativ, innovativ kann ein Mitarbeiter nur dann sein, wenn er auf sicherem Grund steht, wenn er einen sicheren Arbeitsplatz hat, wenn er nicht ständig durch Vorgesetzte oder durch zu hohe Anforderungen verunsichert wird. Gut, werden manche sagen, aber wie kommt es dann, daß Mitarbeiter mit hoher Absicherung, beispielsweise Beamte, keineswegs immer risikofreudig sind, kreativ oder innovativ? Die Antwort ist einfach: Sie haben in ihrer Arbeit oft keine Gelegenheit dazu. Sicherheit am Arbeitsplatz bedeutet ja auch Aufsuchen von Neuem. Also müssen permanent Neugierreize angeboten werden. Wenn dem gesicherten Mitarbeiter keine neuen Reize, keine neuen Aufgaben, keine neuen Schwierigkeiten angeboten werden, dann sucht er das Risiko in der Freizeit. Dann geht er auf Abenteuerreisen oder sucht sonstige Abenteuer auf.

Verhaltensbiologische Erkenntnisse eröffnen aber auch auf anderen Gebieten neue Aspekte: Gilt das Risikogesetz auch für Ehe und Partnerschaft? Wird zu viel Sicherheit in der Partnerschaft langweilig? Was bedeutet der Sicherheitstrieb für Familie und Schule?

Für die Familie ergeben sich unter dem Gesichtspunkt des Sicherheitstriebes zwei grundlegende Aufgaben: Die eine besteht darin, dem Kind Sicherheit zu vermitteln. Ein kleines Kind exploriert nur dann, wenn die Mutter oder eine andere Bezugsperson anwesend ist. Dies gilt aber nicht nur für kleine Kinder, dies gilt auch für Vorschulkinder, Schulkinder und Jugendliche. Es ist ungeheuer wichtig, daß die Familie als sicherer Hort empfunden wird, daß Vertrauen herrscht, Geborgenheit. Kinder, Jugendliche, die durch Unsicherheiten in der Familie belastet sind, können keine neue Unsicherheiten verkraften. Es ist daher auch ganz selbstverständlich, daß solche Kinder in der Schule Schwierigkeiten bekommen. Sie haben ständig damit zu tun, die vorhandene Unsicherheit abzubauen. Gelingt dies nicht, werden sie ängstlich und damit unfähig, Neues in Angriff zu nehmen.

Eine zweite wichtige Aufgabe besteht darin, Flow-Erlebnisse zu ermöglichen. Dies kann im Rahmen der Familie selbst geschehen, beispielsweise in einem gemeinsamen Urlaub oder in gemeinsamen Spielen. Die Eltern können aber auch dafür sorgen, daß das Kind außerhalb der Familie Flow erlebt. So werden heute in zahlreichen Familien die Kinder zum Sport angehalten, zum Spielen eines Instrumentes, oder zu anderen kreativen Tätigkeiten.

Die Schule hat bekanntlich die Aufgabe, Allgemeinbildung zu vermitteln, aber auch Leistung erleben zu lassen. Tatsächlich widmet sich die Schule diesen beiden Aufgaben nicht in gleicher Weise. Die Allgemeinbildung steht im Vordergrund, das Aufnehmen von Information, das Reproduzieren, das Anpassen.

Flow-Erlebnisse sind relativ selten in der Schule. Um sie zu erleben, müssen Probleme gestellt werden, Herausforderungen,

16

Aufgaben. Damit diese bewältigt werden können, muß man stärker auf die individuelle Struktur der Schüler eingehen. Es bedarf also der Individualisierung. Auch die Unterrichtsform ist eine andere: Der Abbau von Unsicherheit kann durch darstellenden Unterricht nicht erlebt werden, sondern nur durch den genetischen oder problemorientierten. Dies war ja bereits die Strategie von Sokrates. Auch andere Pädagogen wie Kerschensteiner oder Montessori stellten die eigene Aktivität des Kindes in den Vordergrund, die selbständige Bewältigung von Aufgaben, den Flow. Hier muß sich die Schule zweifellos verändern: Sie muß für mehr Flow-Erlebnisse sorgen, für Leistung, Anerkennung und Bindung. Nur so werden die Schüler motiviert, zu lernen, nur so erreicht man auch das vielgepriesene lebenslange Lernen. Die reine Informationsvermittlung wird rasch langweilig und verleitet die Schüler, ihre Lust in der Freizeit zu suchen oder ihre Aggressionen in der Schule herauszulassen.

Doch so wichtig die Auswirkungen des Risikogesetzes im Alltag sein mögen – noch wichtiger sind die globalen und totalen Risiken unserer Zeit. Wie konnte es dazu kommen und wie reagieren wir darauf?

Totale Sicherheit – totales Risiko

Der Mensch ist aufgrund seiner Reflexionsfähigkeit das einzige Wesen, das um die ständige Unsicherheit des Lebens weiß. Jederzeit kann ein Unglück geschehen, eine Krankheit eintreten, der eigene Tod oder der Tod geliebter Menschen. Der Mensch weiß um die Zukunft, aber er weiß nicht, was sie bringt. Diese Situation bedeutet totale Unsicherheit, totale Unsicherheit erfordert aber, nach dem Sicherheits-Risiko-Gesetz, das Gefühl totaler Sicherheit: den Glauben. Im Aspekt des Sicherheitstriebes einerseits und der Reflexionsfähigkeit des Menschen andererseits läßt sich die Entstehung von Religionen erklären: Der total verunsicherte Mensch bedarf der absoluten Sicherheit.

Mit dem Gefühl der totalen Sicherheit und Geborgenheit wird aber nicht nur die existentielle Unsicherheit des Lebens und Sterbens ausgeglichen, die gewonnene Sicherheit führt zu neu-

17

em Risiko, unter Umständen zum totalen: Derjenige, der weiß, daß er nach dem Tode weiterlebt und vielleicht auch noch mit hohem Rang, der riskiert auch den Tod. Ja, der Tod bedeutet für ihn überhaupt kein Risiko, er ist sich ja des Weiterlebens sicher.

Nun ist es gewiß verständlich, daß der Mensch angesichts der totalen Unsicherheit des Woher und Wohin und Warum nach »entsprechender« Sicherheit sucht und sie im Glauben findet. Und es ist ein Gebot der Toleranz und der Achtung vor dem Mitmenschen, diese Befriedigung des Sicherheitstriebes zu akzeptieren und zu respektieren. Aber wir stehen heute vor einer völlig neuen Situation: Wir stehen nicht nur vor der natürlichen oder, wenn man es so sieht, gottgegebenen Unsicherheit unseres eigenen begrenzten und gefährdeten Lebens. Wir stehen vor selbstgemachten Risiken, vor tödlichen Risiken, die einige unserer Mitmenschen für uns alle geschaffen haben. Wie reagieren die Menschen auf die totalen Risiken unserer heutigen Zivilisation? Sie reagieren entweder mit Glaube oder mit Angst.

Die weltweit zu beobachtende Wiederkehr von Gläubigkeit, sei es im Rahmen einer Kirche oder eher privat, ist auf die weltweite Bedrohung des Lebens zurückzuführen. Das war schon immer so: In Zeiten der Not, der Gefahr, der Bedrohung durch Kriege, Seuchen oder Naturkatastrophen sucht man entsprechende Sicherheit im Glauben.

Zu denjenigen, die auf die totalen Risiken unserer Zeit mit Glauben reagieren, gehören auch die zahlreichen Anhänger der New-Age-Bewegung. Die jungen Menschen heute erkennen und erleben ja nicht nur die natürliche Unsicherheit des Menschen, sein Ausgeliefertsein an ein ungewisses Schicksal, seine unvermeidliche Hilflosigkeit, sie erkennen und erleben auch die von Menschen gemachte tödliche Bedrohung unseres Lebens. Viele reagieren darauf mit Glauben: Verschafft ihnen der christliche Glaube die ersehnte Sicherheit nicht, wenden sie sich anderen Glaubensformen oder metaphysischen Sicherheitssystemen zu. Die gegenwärtige Verbreitung von Esoterik, Okkultismus, Sekten und ähnlichem kommt ja nicht von ungefähr.

Aber nicht nur der religiöse Glaube kann zum totalen Risiko führen – auch der Glaube an die Unfehlbarkeit von Wissenschaft und Technik. Sagen die Techniker doch, daß eine Atomkatastrophe bei uns in der Bundesrepublik nicht passieren könne, sagen die Gentechnologen doch, daß sie die Konsequenzen der Gentechnik voll im Griff hätten. Viele Menschen nehmen das totale Risiko auch der enormen Lust wegen in Kauf, die der Wohlstand bietet: Am größten wird das Risiko dann, wenn die Lust »treibt« und keine Angst sie bremst.

Wie auch immer die totalen Risiken vertuscht, ignoriert oder in Kauf genommen werden – diejenigen, die sie in ihrer ganzen Tragweite erkannt haben, fühlen sich, ähnlich wie der Beifahrer auf einem rasenden Motorrad, dessen Fahrer an einen Schutzengel glaubt, als Beifahrer auf dem zu höchst gefährdeten Raumschiff Erde, das von Menschen gesteuert wird, die sich in Sicherheit wiegen. Für die »Unsicheren« werden die »Geborgenen« zum Risiko!

Sicherheit in der Natur – Risiko in der Kultur

Sicherheit verlangt nach Unsicherheit. Anders ist der Sicherheitstrieb nicht zu befriedigen. Die Befriedigung des Sicherheitstriebes ist aber, ebenso wie die Befriedigung anderer Triebe, eine evolutionäre Notwendigkeit und damit auch ein Gebot der Humanität. Es wäre doch absurd, dem Menschen das zu verweigern, was die Evolution schon dem Tiere mitgegeben hat.

Unsicherheit darf aber nur dort toleriert oder sogar hergestellt werden, wo Leben und Gesundheit anderer nicht gefährdet werden. Das heißt: Das Risiko darf nicht die Natur betreffen, nicht die Grundlagen unseres Lebens, sondern »nur« die Welt des Geistes, die Kultur. Karl Popper sagt treffend, es sei besser, Theorien sterben zu lassen als Menschen. Genauso ist es: Niemand hat ein Recht, auf Grund einer »sicheren Theorie«, also eines Dogmas, das Leben anderer »aufs Spiel« zu setzen.

Ist es nicht eine faszinierende Perspektive, die Kultur als unendliche Möglichkeit zu verstehen, immer neue Unsicherheiten zu schaffen und diese lustvoll abzubauen?

Die Verhaltensbiologie zeigt: Nicht die Triebe sind es, die den Menschen gefährden, sondern der unvernünftige Umgang mit diesen. Dabei ist es durchaus möglich, mit den Trieben vernünftig umzugehen, sozusagen »kultiviert«: mit Sexualität – ohne Übervölkerung, mit Aggression – ohne Gewalt, mit Neugier – ohne Lebensgefahr. Dies gelingt freilich nur, wenn man sich konsequent als Triebwesen mit Reflexionsfähigkeit versteht, als »Fallengelassener« der Evolution.

Sicherheit durch
Neugier und Risiko

Die Evolution der Sicherheit

Sicherheit durch Instinkt

Viele Menschen begeben sich freiwillig in riskante Situationen. Sie steigen in steile Felswände ein, durchqueren Wüsten und Gletscher, fahren rasant mit dem Motorrad und machen gewagte Überholmanöver. Bei alledem nehmen sie noch Anstrengung in Kauf, Entbehrungen und Beschwernisse. Ein solches Verhalten scheint jedem Sicherheitsstreben zu widersprechen, scheint evolutionär widersinnig. Tatsächlich trifft jedoch das Gegenteil zu: Das Aufsuchen des Risikos bedeutet – unter bestimmten Bedingungen – einen Zuwachs an Sicherheit.

Um dies zu verstehen, muß man das evolutionäre Prinzip Sicherheit genauer untersuchen. Es hat sich in vier Stufen entwickelt: Instinkt, Lernen, Denken, Neugier. Ich beginne mit der »instinktiven Sicherheit.«

Wenn wir von »instinktiver Sicherheit« sprechen oder von einem instinktiv richtigen Handeln, so meinen wir damit, daß jemand zwar ohne Überlegung handelt, ohne Verstand, ohne Nach-Denken, aber dennoch richtig und der Situation angemessen. Wenn wir umgekehrt von jemanden sagen er handele »instinktlos«, so meinen wir, daß er es am richtigen Gefühl fehlen läßt, auch wenn er vom Verstand her korrekt gehandelt hat. In der Umgangssprache benutzen wir also das Wort Instinkt im Sinne einer gefühlsmäßigen Sicherheit. Dies würde bedeuten, daß es sich beim Instinkt um einen Automatismus handelt, der stammesgeschichtlich vor der Entwicklung des Großhirns liegt.

Tatsächlich beziehen zahlreiche Tierarten ihre Sicherheit aus dem instinktiven Verhalten. Dies gilt beispielsweise für den Fluchtinstinkt: Viele Tiere haben ein angeborenes Feindschema. Tritt es in Erscheinung, flieht das Tier oder es sucht Deckung auf. Singvögel reagieren so, wenn ein Raubvogel erscheint, ebenso Kaninchen oder junge Hasen. Auch die Furcht vor Schlangen ist vielen Tieren angeboren. Andere Tiere, beispielsweise Enten, nutzen geschickt ihre Tarnfarbe aus, wenn sie sich von einem Feind bedroht fühlen. Bekannt ist auch das »Totstellen«, das wir von zahlreichen Käfern kennen. Manche Raupen nehmen bei Gefahr bizarre Formen an und sehen dann aus wie ein Zweig. Das instinktive Verhalten kann aber auch sehr viel komplexer sein: So locken beispielsweise Kiebitze ihre Feinde dadurch vom Nest weg, daß sie sich hinkend stellen. Sie bieten sich dem Feind gleichsam als leichte Beute dar, um dann im letzten Moment wegzufliegen.

Der Instinkt aber funktioniert nicht nur beim Aufsuchen von Deckung, bei der Flucht oder beim Totstellen, er funktioniert ebenso sicher beim Erwerb von Nahrung oder beim Aufsuchen von Sexualpartnern. Tiere wissen instinktiv, was sie fressen können und was ihnen nicht bekommt. Überhaupt gibt es beim Nahrungserwerb erstaunliche Instinktleistungen. So kommt zum Beispiel der afrikanische Schmutzgeier an des Innere der Straußeneier dadurch heran, daß er spitze Steine sammelt, den Schnabel hebt und die Steine auf das Ei fallen läßt. Zunächst glaubte man, daß diese Strategie, das Ei mit Steinen aufzuschlagen, auf Lernen zurückzuführen ist. Tatsächlich haben aber Versuche mit isoliert aufgewachsenen Jungvögeln ergeben, daß die Vögel dieses Verhalten instinktiv durchführen, das heißt, ohne es je gesehen zu haben.

Auch im Kampf zwischen Raubtier und Beute läßt sich der Instinkt erkennen: Die Tiere kennen gegenseitig die Waffen und Schwachstellen. Vor Jahren hatte ich einen Hund, der besonders gerne Wespen jagte und diese auch auffraß. Dabei ging er so vor, daß er die Wespe anspuckte und sie dadurch flugunfähig machte. Dann zog der die Lefzen hoch, töte die Wespe mit den Zähnen, ohne sie mit der Zunge oder anderen Weichteilen zu berühren. Irgendwie also »wußte« er, daß die Wespe einen Stachel hat, der ihm gefährlich werden konnte. Freilich, der Hund kann auch aus Erfahrung gelernt haben, aber dann sollte man doch denken, daß er Wespen überhaupt vermieden hätte.

Wenn es ans Fressen geht, »sichern« viele Tiere zunächst einmal nach allen Seiten. Dies ist auch sinnvoll, denn bei der Nahrungsaufnahme wird die Aufmerksamkeit in Anspruch genommen, eventuelle Feinde nutzen die Gelegenheit.

Halten wir fest: Die Aufgabe der Lebenssicherung wurde von der Evolution zunächst einmal durch das instinktive Verhalten gelöst. Unter den zahlreichen Verhaltensmutationen wurden diejenigen ausgelesen, die die größtmögliche Sicherheit zur Folge hatten. So entstand das instinktiv richtige Verhalten als Anpassung an die jeweilige Umwelt des Tieres. Das evolutionäre Prinzip des Überlebens geeigneter Mutationen ist gerade beim instinktiv richtigen Verhalten besonders gut zu erkennen.

So erfolgreich instinktives Verhalten auch war (und ist), es bringt auch Nachteile mit sich. Ein entscheidender Nachteil besteht in der Starrheit dieses Verhaltens. Verändert sich nämlich die Umwelt, dann führt das instinktive Verhalten nicht mehr zum Ziel. Ein bekanntes Beispiel liefern Insekten, die an lauen Sommerabenden in Kerzen oder Lampen fliegen und verbrennen. Hier liegt ein typischer Fall vor, wie ein sicherer Instinkt in einer künstlichen Umwelt zum Tode führen kann: Die Insekten steuern nämlich ihren Flug durch einen konstanten Winkel zum parallel einfallenden Sonnenlicht. Geraten sie nun an eine punktförmige Lichtquelle, so wird ihnen der konstante Winkel zum Verhängnis: Er führt zum Zentrum des Verderbens. Der Instinkt ist eben an eine ganz bestimmte Umwelt angepaßt. Es ist evolutionär nicht »vorgesehen«, daß die Umwelt sich plötzlich verändert.

Gibt es beim Menschen auch eine instinktive Sicherheit? Es gibt sie, und zwar in mehrfacher Hinsicht: So verfügen Babys über den sogenannten Klammerinstinkt. Auch Kleinkinder suchen bei Gefahr die Mutter auf und klammern sich an sie. Das Neugeborene findet instinktiv die Mutterbrust und braucht auch das Saugen nicht zu lernen. Steht dem Säugling die natürliche Umwelt nicht zur Verfügung, muß diese – durch eine Saugflasche – künstlich nachgemacht werden, und zwar sehr genau.

Aber auch beim erwachsenen Menschen finden wir noch Instinktbewegungen zur Sicherung. Menschen, die ein Restaurant betreten, suchen zunächst einmal »instinktiv« die Eckplätze auf. Man kann beobachten, wie sie sich nach allen Seiten umsehen und sogar während des Essens noch Bewegungen des »Sicherns« durchführen. Auch bei plötzlicher Gefahr handeln wir oft instinktiv, wir haben keine Zeit, zu überlegen.

Im übrigen aber wird beim Menschen die Aufgabe der Sicherung vom Lernen und Denken übernommen.

Sicherheit durch Lernen

Ich behaupte, daß sowohl das alltägliche Verständnis von Lernen als auch das übliche wissenschaftliche dem evolutionären Sinn von Lernen nicht gerecht wird. Den evolutionären Sinn von Lernen, den Gewinn an Sicherheit, begreift man nur, wenn man Lernen nicht als Aufbau von Information versteht, sondern als Abbau von Information, genauer: als Abbau der uns umgebenden Information.

Gehen wir vom einfachsten Fall aus: dem Auswendiglernen. Man lernt ein Gedicht, einen Spruch, eine Sprache; in der Schule lernt man, welche Opern Mozart geschrieben und wen Alexander der Große besiegt hat; man lernt die Namen von Ländern und Städten, von Pflanzen und Tieren, von Königen und Dichtern. Nun kann man über die Auswahl von Lerninhalten endlos streiten: Was soll gelernt werden, was ist nützlich, was gehört zur Bildung oder Allgemeinbildung? Der evolutionäre Sinn des Auswendiglernens wird so nicht deutlich. Um diesen zu erkennen, muß man genauer untersuchen, was beim Auswendiglernen vor sich geht.

Nehmen wir an, es sei ein Text auswendig zu lernen, beispielsweise eine Telefonnummer. Lesen wir den Text ein erstes Mal, so bleibt nur wenig »hängen«, das heißt es geht nur wenig in unser Dauergedächtnis. Immerhin, das wenige bewirkt, daß die Information des Textes – für uns! – abgenommen hat. Lesen wir ihn ein zweites Mal, kommt er uns schon etwas bekannter vor. Bei jedem weiteren Lesen gelangt immer wieder ein Stück

Information ins Dauergedächtnis. Schließlich kennen wir den Text auswendig. Ein auswendig gelernter Text hat aber – für den Betreffenden – keine Information mehr! Wenn ich dem Leser mitteile, wie man das Wort »Buch« schreibt, so enthält diese Mitteilung ganz sicher keine Information mehr.

Also: Auswendiglernen bedeutet, daß die objektive Information eines Textes, einer Mitteilung, eines Sachverhaltes subjektiv abgebaut wird.

Mit Hilfe der Informationstheorie kann man diese Erkenntnis exakt beweisen (v. Cube, 1982). Es läßt sich nämlich zeigen, daß der Mensch ein Gegenwartsgedächtnis besitzt mit einer Informationskapazität von ca. $C = 10{-}16$ bit/sec. und ein Dauergedächtnis mit einer Zuflußkapazität von ca. $K = 0{,}5$ bit/sec. Wird also ein Text mit 100 bit Information, das sind beispielsweise 30 zufällig aufeinanderfolgende Ziffern, ein erstes Mal gelesen, so braucht man hierfür ca. 10 Sekunden. In dieser Zeit gehen 10 mal 0,5 bit, also 5 bit, ins Dauergedächtnis. Das bedeutet, daß der Text für uns nur noch 95 bit Information enthält. Bei jedem weiteren Lesen geht ein entsprechender Betrag ins Dauergedächtnis: Der Text wird immer informationsärmer. Schließlich hat der Text für uns keine Information mehr, wir wissen, wie die Ziffern aufeinanderfolgen, wir haben den Text auswendig gelernt.

Nehmen wir als weiteres Beispiel das Wahrscheinlichkeitslernen! Zahlreiche Untersuchungen zeigen, daß der Mensch die Wahrscheinlichkeiten, mit denen Ereignisse auftreten, einigermaßen genau erlernen kann. Er lernt, mit welcher Wahrscheinlichkeit er den Wecker überhört, ein Stau zu erwarten ist, ein Mitarbeiter zu spät kommt, der Chef übler Laune ist oder einen Witz erzählt. Auch beim Wahrscheinlichkeitslernen läßt sich exakt beweisen, daß die Information eines Ereignisses, wenn man die Wahrscheinlichkeit seines Auftretens nicht kennt, größer ist als die Information dieses Ereignisses, wenn man die Wahrscheinlichkeit des Auftretens kennt. Das heißt: Auch das Wahrscheinlichkeitslernen bedeutet, daß die Information der Außenwelt abgebaut wird.

Tatsächlich besteht Lernen immer im Abbau von Information: Wenn ich eine Erfahrung mache, zum Beispiel über einen Wettersturz im Hochgebirge, dann wundere ich mich ein zweites

Mal nicht mehr darüber, ich rechne vielmehr damit. Wenn ich Auto fahren lerne, dann stehe ich zunächst vor einem Berg von Information; habe ich es gelernt, ist nicht nur der Berg verschwunden, ich kann mich sogar mit meinem Beifahrer unterhalten oder Musik hören. Wenn ich weiß, wie ein Regenwurm aussieht oder ein Stopschild, was »tomorrow« heißt oder »bit«, dann sind die jeweiligen objektiven Informationen für mich keine mehr, sie sind abgebaut.

Aber worin besteht nun der evolutionäre Sinn des Lernens? Die Antwort lautet so:

Dadurch, daß ein Lernender die Information seiner Außenwelt abbaut, gewinnt er Sicherheit. Je weniger Information die Außenwelt enthält, je bekannter sie also ist, desto sicherer kann man sich in ihr bewegen. Das, was sich täglich wiederholt – dieselben Menschen, dieselbe Arbeit, dieselben Wege – enthält praktisch keine Information mehr, es bedarf keiner Aufmerksamkeit mehr und keiner Informationsverarbeitung. Der evolutionäre Sinn des Lernens besteht also im Abbau der umgebenden Information und damit im Gewinn an Sicherheit.

Lernen hat – gegenüber dem Instinkt – den Vorteil, daß man sich wechselnden Umwelten anpassen kann, ja, man kann neue Umwelten aufsuchen und sich diese durch Lernen sicher machen. Das (anpassende) Lernen ist flexibler als der Instinkt, Lernfähigkeit erweist sich somit als Selektionsvorteil.

Und noch eines wird deutlich: Lernen bedeutet nur dann einen Gewinn an Sicherheit, wenn man sich an die real existierende Lebenswelt anpaßt. Andere Informationen – man nehme etwa das Adreßbuch von Tokio – leisten in unserer Lebenswelt keinen Beitrag zur Sicherheit.

Will man also den evolutionären Sinn des Lernens erfüllen, muß man diejenigen Informationen auswählen, die zur Sicherheit beitragen. In der natürlichen Umwelt des Urmenschen war eine solche Auswahl sicher nicht erforderlich. In unserer modernen Welt hingegen sind Sprache, Verhaltensregeln, Naturgesetze, Denkmethoden, technische Vorgänge etc. Informationen mit »Sicherheitseffekt«. In der Ausbildungszeit wird man auch nicht umhin können, Informationen einzuspeichern, die man erst später braucht, das heißt deren informationsabbauende Wirkung erst später zur Geltung kommt, beispielsweise eine (später benötigte) Fremdsprache.

Das Lernen von Informationen, die überhaupt nicht zur Lebenswelt gehören, bringt nicht nur keinen Gewinn an Sicherheit, es verursacht zusätzliche Unsicherheit und Verwirrung. Dies kommt dadurch zustande, daß die Information mit dem Umfang des Zeichenrepertoires wächst: Ein Zeichen in einem Repertoire von 32 hat eine Information von 5 bit, in einem Repertoire von 64 Zeichen 6 bit usw. Die Informationsflut »belastet« also auch die schon vorhandenen Informationen!

Mit der Erkenntnis des anpassenden Lernens als Informationsabbau der Außenwelt erhält die »Allgemeinbildung« eine neue Dimension: die Sicherheit. Angesichts unserer Risikogesellschaft wird es höchste Zeit, diese Dimension zu verwirklichen (v. Cube, 1994a).

Sicherheit durch Denken

Im folgenden möchte ich versuchen, den evolutionären Sinn des Denkens herauszuarbeiten. Dabei wird sich zeigen, daß das Denken eine weitere Stufe des Sicherheitsgewinnes darstellt. Beginnen wir mit dem Lösen von Problemen.

Ein Problem ist durch Unsicherheit gekennzeichnet. Man kennt ja die Lösung nicht und weiß auch nicht, wie das Problem gelöst werden kann. Also stellt man Versuche an, konkret oder auch »im Geiste«, man spielt sie durch, scheidet die untauglichen aus oder hat auch plötzlich einen Einfall, der zur richtigen Lösung führt. Probleme sind charakteristisch für denkende Wesen. Bekanntlich können auch schon Tiere, beispielsweise Affen, bestimmte Probleme lösen. So können etwa Schimpansen, um eine Banane von der Decke herunterzuholen, Kisten aufeinandertürmen, sie können einen Stock benutzen, um eine vor einem Gitter liegende Banane heranzuholen, ja, man hat sogar schon beobachtet, daß sie zu diesem Zweck Bambusstöcke zusammenstecken.

Selbstverständlich hatte auch der Urmensch seine Probleme. Sie bezogen sich »sicher« auf die Nahrungsbeschaffung, insbesondere auf Großwildjagd, Fallenstellen, Waffenherstellung und anderes.

In jedem Falle bedeutet ein gelöstes Problem einen Zuwachs an Sicherheit. Der Prozeß des Problemlösens besteht in der Verwandlung von Unsicherheit in Sicherheit.

Die Sicherheit, die durch das Lösen eines Problems gewonnen wird, beschränkt sich im allgemeinen nicht auf die Lösung dieses einen Problems. Die Problemlösung ist ja nun bekannt und kann auf dieselben oder ähnliche Probleme angewandt werden. Hat man einmal festgestellt, daß sich ein schwerer Stein durch einen Hebel fortbewegen läßt, dann wird man diese Erfahrung für alle ähnlichen Situationen nutzbar machen. Durch Speicherung einer Problemlösung erweitert sich also der Sicherheitsbereich.

Die Sicherheit wird aber noch durch einen zweiten Vorgang erweitert: Die Lösung eines speziellen Problems führt ja in der Regel zur Erkenntnis allgemeiner Zusammenhänge. So führt der zunächst eher zufällige Einfall, einen schweren Stein durch einen Hebel fortzubewegen, zur Erkenntnis des Hebelgesetzes. Die Erkenntnis allgemeiner Zusammenhänge – beispielsweise über bestimmte Krankheitserreger und Krankheiten, über Klima und Pflanzenwuchs, über den Lauf der Gestirne etc. – erlaubt aber Voraussagen, Planung, erkenntnisgeleitetes Handeln. Erkenntnisse sind die Grundlage von Ackerbau und Viehzucht, von Hausbau und Seefahrt.

Freilich – die Erkenntnisfähigkeit des Menschen bringt ihm nur dann einen Zuwachs an Sicherheit, wenn die erkannten Gesetze, Regeln, Zusammenhänge der Wirklichkeit auch tatsächlich entsprechen. Falsche Erkenntnisse können bedrohlichere Folgen haben als instinktives Handeln. Es erhebt sich somit die Frage, ob unsere Erkenntnisse auch tatsächlich Erkenntnisse über die Wirklichkeit sind. Mit dieser Frage »Was können wir erkennen?« beschäftigten sich die Philosophen schon vor Jahrtausenden. Das zeigt, daß der reflektierende Mensch sogar seiner eigenen Erkenntnisfähigkeit gegenüber »sicher« gehen möchte.

Von der Evolutionsbiologie wird die Frage nach der Erkenntnis so beantwortet: Auch unsere Denkfähigkeit, das logische

Denken, das Denken in Ursache und Wirkung etc., ist ein Produkt der Evolution. Sie ist demzufolge der Wirklichkeit angepaßt – sonst hätte uns die Selektion längst ausgemerzt. Das bedeutet nicht, daß wir die ganze Wirklichkeit erfassen könnten, das bedeutet nur, daß das, was wir erkennen, ein Teil der Wirklichkeit ist.

Konrad Lorenz (1984) stellt die Frage nach der Erkenntnis mit folgenden Worten: »Ist die menschliche Vernunft mit allen ihren Anschauungsformen und Kategorien nicht ganz ebenso wie das menschliche Gehirn etwas organisch, in dauernder Wechselwirkung mit den Gesetzen der umgebenden Natur Entstandenes? Wären unsere a priori denknotwendigen Verstandesgesetze bei einer ganz anderen historischen Entstehungsweise und einem somit ganz andersartigen zentralnervösen Apparat nicht ganz andere? Ist es überhaupt auch nur einigermaßen wahrscheinlich, daß die ganz allgemeinen Gesetzmäßigkeiten unseres Denkapparates nicht mit solchen der realen Außenwelt zusammenhängen sollten?«

Aus der umfassenden und detaillierten Antwort, die Lorenz gibt, sei folgendes Bild herausgegriffen: »Aber so wie der Huf des Pferdes auf den Steppenboden paßt, mit dem er sich auseinandersetzt, so paßt unsere zentralnervöse Weltbild-Apparatur auf die reichhaltige reale Welt, mit der sich der Mensch auseinandersetzen muß, und wie jedes Organ, so hat auch sie ihre arterhaltend zweckmäßige Form in äonenlangem stammesgeschichtlichem Werden durch diese Auseinandersetzung von Realem mit Realem gewonnen.«

In unseren Überlegungen hier geht es um die Frage nach der Sicherheit. Die Antwort lautet so: Mit unserem evolutionär gewordenen Denkapparat können wir die Wirklichkeit grundsätzlich erkennen. Die Erkenntnis der Gesetze und Zusammenhänge vermittelt uns – bei aller Unschärfe und bei allen Irrtümern im einzelnen – eine relative Sicherheit über das Wirken der Wirklichkeit. Wir können weder die gesamte Wirklichkeit erkennen noch das wahre »Wirkungsgefüge«, wie Lorenz sagt. Aber wir haben keine andere Möglichkeit: Die relative Sicherheit durch Erkenntnis ist die einzige, auf die wir uns stützen können.

Dabei taucht freilich noch eine zweite Frage auf: Benutzen wir unseren Denkapparat wirklich nur, um Erkenntnisse zu gewinnen? Denken wir uns nicht ständig irgend etwas Fantastisches aus? Wir können uns ja die tollsten Vorstellungen machen: Wir können uns Elefanten mit Flügeln vorstellen, Menschen mit Pferdefüßen oder Hörnern. Der Fantasie sind bekanntlich keine Grenzen gesetzt. Wo bleibt da die Sicherheit?

Nun, die relative Sicherheit der Erkenntnis ist dann gewährleistet, wenn sich der Denkapparat selbst diszipliniert: im wissenschaftlichen Denken. Die wissenschaftliche Erkenntnis ist einzig und allein den Kategorien der Logik und der Empirie unterworfen. Allein durch Wissenschaft können wir eine relative Sicherheit gewinnen. Eine andere Möglichkeit, relativ sichere Erkenntnisse zu gewinnen, haben wir nicht.

Sicherheit durch Neugier und Risiko

Wenn irgendwo Menschen zusammenlaufen, Aufregung herrscht, etwas passiert ist, dann zieht es uns dorthin: Unsere Neugier wird erregt. Das geht jedem so, auch wenn er der Neugier nicht nachgibt – sei es aus Angst, Rücksicht oder Anstand. Wir wollen wissen, was passiert ist. Das heißt doch aber: Wir wollen das Neue in Erfahrung bringen, das Unbekannte bekannt machen. Damit wird der Sinn der Neugier deutlich: Das Neue ist der Reiz, er veranlaßt uns, das Unbekannte zu untersuchen, aus dem Unwissen Wissen zu machen, aus dem Unsicheren das Sichere. Das Neue könnte für uns ja wichtig sein, nützlich oder gefährlich. Damit ist klar: Der Sinn der Neugier ist Sicherheit.

Dies zeigt sich auch beim Kennenlernen neuer Menschen. Taucht an unserem Arbeitsplatz ein neuer Kollege auf, oder bekommen wir einen neuen Vorgesetzten, sind wir erst einmal neugierig. Wir wollen wissen, mit wem wir es zu tun haben, was wir zu erwarten haben, womit wir rechnen können oder müssen. Auch hier geht es um Sicherheit, was in der Bezeichnung »Kennenlernen« ja schon zum Ausdruck kommt. Besonders wichtig ist natürlich der Gewinn an Sicherheit beim Kennenlernen eines Partners. Schließlich soll die Ehe ja, wie die Sprache verrät, zum

»sicheren Hafen« werden. Moderne Heiratsvermittler versuchen daher, mit Hilfe des Computers die Unsicherheit schon im Vorfeld zu reduzieren.

Daß das Neue reizvoll ist, zeigt sich insbesondere darin, daß man es gerne aufsucht. Viele Menschen suchen im Urlaub fremde Länder auf, fremde Städte, unbekannte Kulturen. Je »neuer« die Umgebung ist, das heißt je größer der Unterschied zum Gewohnten, desto größer ist auch der Reiz. Daher ist auch die Wüste reizvoll oder das ewige Eis. Und was tut der Urlauber? Er lernt »Land und Leute kennen«. Reicht die Zeit nicht aus, sich all das Neue »einzuverleiben«, kommt er »sicher« noch einmal. Manchmal kehrt man auch nach längerer Zeit wieder zurück um zu sehen, ob sich etwas verändert hat. Gewiß – viele Menschen machen immer wieder am selben Ort Urlaub. Wie ist dies zu erklären?

Untersucht man das Verhalten dieser Menschen genauer, kann man feststellen, daß sie am Urlaubsort sehr wohl das Abenteuer suchen. Sie erleben das Neue durch spannende oder gar riskante Aktivitäten am Urlaubsort. Das Bergsteigen beispielsweise besteht ja, sofern Qualifikation und Schwierigkeitsgrad zusammenpassen, in einem ständigen Verwandeln von Unsicherheit in Sicherheit, ein Prozeß, der überaus lustvoll erlebt wird. An anderen Urlaubsorten gibt es andere Formen der Abwechslung: Sport und Spiel, Bildung, Show, Animation.

Die Werbeleute kennen, wie Lorenz sagt, die Menschen am besten. Sie arbeiten mit den evolutionären Triebmotiven, wie Sexualität, Aggression und – nicht zuletzt – mit Neugier. Sie locken mit dem Reiz des Neuen, mit neuer Mode, neuem Waschmittel, neuer Zahnpasta, neuen Urlaubsorten, neuer Diät.

Tatsächlich war der Mensch schon immer neugierig. Er war es im Paradies und er war es als Urmensch. Er wollte schon immer wissen, was es Neues gibt, was die Zukunft bringt, was die Sterne sagen. In den Märchen spielt Neugier eine große Rolle, insbesondere die Neugier aufs Verbotene. Was verboten ist, muß ja besonders reizvoll sein.

Kinder sind neugierig. Sie erkunden ihre Umgebung, sie probieren alles aus, sie fragen schon früh: Warum? Alte sind neugierig: Sie nehmen Strapazen auf sich, um neue Länder zu sehen oder sich weiterzubilden, oder sie lehnen ganz einfach aus dem Fenster und gucken, wer kommt und wer geht.

Neugier richtet sich dabei nicht nur auf das, was um uns passiert – ein Unfall, eine Heirat, ein neuer Mitarbeiter –, Neugier greift aus. Wir fragen nicht nur: »Was gibt's Neues?«, wir fragen auch: »Wo ist was los?« Neugier geht somit über unsere gewohnte Lebenswelt hinaus, sie richtet sich auf neue Länder, neue Probleme, »neue Ufer«. Wir suchen aktiv Neues auf. Der Sinn der Neugier, im Sinne von »Gier« besteht darin, Unbekanntes und damit auch Unsicheres aufzusuchen, um es bekannt zu machen. Die Gier nach Neuem dient dazu, Sicherheit immer mehr zu erweitern und zu vergrößern!

Ein Einwand läßt sich freilich machen: Nicht alles Neue ist reizvoll. Manchmal erregt das Neue auch Angst oder zumindest Unlust, so etwa, wenn wir in einer unbekannten Stadt mit dem Auto fahren müssen, wenn wir an einem neuen Automaten Fahrkarten lösen müssen, wenn am Arbeitsplatz neue Methoden eingeführt werden, wenn wir das erste Mal vor dem Computer sitzen usw. Es gibt viele Anlässe, vor Neuem Angst zu haben. Wie ist das zu erklären? Die Erklärung ist einfach: Das Neue bereitet uns nur dann Lust, wenn wir es aus der Sicherheit heraus erfahren. Wenn wir schon vorher unsicher sind, oder wenn das Neue mit zu viel Unsicherheit behaftet ist, dann können wir diese Unsicherheit nicht abbauen, es bleibt Unsicherheit übrig. Das ist nicht lustvoll – im Gegenteil: Unsicherheit macht Angst, dauerhafte Unsicherheit macht krank.

Die Erkenntnis, daß es sich bei der Neugier um einen Gewinn an Sicherheit handelt, genauer um den Abbau von Unsicherheit in Sicherheit, erlaubt es uns, dieses Verhalten im Zusammenhang der Evolution zu verstehen. Neugier erweist sich als hohe Entwicklungsstufe des »Prinzips Sicherheit«. Und noch eine Erkenntnis ist wichtig: Bei der Neugier handelt es sich um einen Trieb – um den Trieb zur Sicherheit. Nur wenn man dies versteht, versteht man auch das Risikoverhalten von Tier und Mensch.

Im übrigen sind die Stufen evolutionärer Sicherheit, Instinkt, Lernen, Denken Neugier nicht scharf voneinander abgesetzt, sie

32

bleiben vielmehr »durchgehend« erhalten. Als Trieb gehört Neugier zum Instinkt, die Bewältigung des Neuen erfordert Denken und die Speicherung der Ergebnisse ist ein Lernprozeß. Das Bewährte bleibt erhalten und wird durch weitere »Erfindungen« ergänzt.

Der Sicherheitstrieb

Der evolutionäre Sinn von Trieben

Um zeigen zu können, daß es sich bei der Neugier um einen Trieb handelt, und zwar um einen Trieb zur Sicherheit, muß ich zunächst darlegen, was ein Trieb ist und welche Selektionsvorteile er mit sich bringt. Zu diesem Zweck gehe ich von zwei bekannten Trieben aus, dem Nahrungstrieb und dem Sexualtrieb, stelle das Gemeinsame dieser Triebe fest und betrachte dann den Selektionsvorteil eines Triebes schlechthin. Es ist mir bekannt, daß in den Sozial- und Geisteswissenschaften der Begriff »Trieb« häufig als überholt oder unwissenschaftlich abgelehnt wird. Ich bin jedoch mit den meisten Verhaltensbiologen, insbesondere Konrad Lorenz, anderer Auffassung. Der Begriff »Trieb« läßt sich nicht nur sehr genau beschreiben, er ist auch für das Verständnis tierischen und menschlichen Verhaltens unbedingt erforderlich. Zahlreiche Fehler, die der Mensch gemacht hat und noch immer macht – Verwöhnung, anti-autoritäre Erziehung, Taylorismus und andere – gehen auf die Ignoranz von Trieben zurück, insbesondere die Ignoranz des Aggressionstriebs und des Sicherheitstriebs.

Vor kurzem argumentierte ein Vertreter der Geisteswissenschaft wieder einmal gegen den Triebbegriff, sprach dann aber kurz darauf von den »niederen Trieben« des Menschen. Hier stoßen wir auf den wahren Kern der Ablehnung: Es ist einigen Menschen offenbar peinlich, daß sie nicht nur Geistwesen sind oder gar Teil des »objektiven Geistes«, sondern auch »niedere Triebe« besitzen. Ich halte eine solche Einstellung für eine Anmaßung.

Der Mensch ist ein Produkt der Evolution und besitzt als solches auch Triebe und Instinkte. Daran ist nichts Schlechtes – im Gegenteil: Die Triebe verschaffen uns Lust, in ihnen liegen die eigentlichen Motive unseres Handelns. Unser reflektierender Verstand kann mit ihnen umgehen – mehr oder weniger vernünftig –, er kann sie jedoch nicht ignorieren oder wegziehen.

Was also ist ein Trieb? Betrachten wir zunächst den Nahrungstrieb und den Sexualtrieb.

Wir bekommen Hunger – auch ohne äußere Reize. Wir suchen die triebspezifischen Reize, in diesem Falle Nahrung, auf. Der Urmensch mußte zu diesem Zwecke noch erhebliche Anstrengungen auf sich neh-men. In unserer Wohlstandsgesellschaft haben wir glücklicherweise die leckerste Nahrung vor der Nase. Wir vollziehen die Triebhandlung, das heißt wir essen und nehmen dadurch Nahrung auf. Durch diese »Endhandlung« wird der Trieb befriedigt, der Hunger gestillt, die Befriedigung ist mit Lust verbunden.

Ähnliches gilt für den Sexualtrieb: Wir kommen in sexuelle Stimmung – auch ohne äußere Reize. Wir suchen triebspezifische Reize auf, in diesem Falle das andere Geschlecht. Wir vollziehen die Triebhandlung und erleben die entspannende und lustvolle Endhandlung.

Das Gemeinsame des Triebgeschehens läßt sich jetzt in fünf Schritten beschreiben. Sie gelten für Tier und Mensch – nur daß der Mensch in das Geschehen eingreifen kann.

Wachsende Handlungsbereitschaft

Objektiv sind es innere Reizquellen (leerer Magen, steigender Testosteronspiegel), subjektiv sind es mit Unlust verbundene Gefühle des Unbefriedigtseins, die zu wachsender Handlungsbereitschaft führen.

Nutzen auslösender Reize

Für jeden Trieb gibt es spezielle »auslösende Reize«: Der Nahrungstrieb springt auf Nahrungsreize an, der Sexualtrieb auf sexuelle Reize. In der Nutzung auslösender Reize besteht die Verzahnung der Handlungsbereitschaft mit der Umwelt. Triebe sind nicht blind, sondern der Umwelt angepaßt.

Aufsuchen auslösender Reize
Stößt die Handlungsbereitschaft auf keinen auslösenden Reiz, kommt es zum Appetenzverhalten: Tier oder Mensch suchen den Reiz mit einer immer größer werdenden Anstrengung auf. Im Appetenzverhalten zeigt sich die Spontaneität des Triebes besonders deutlich. Werden längere Zeit keine auslösenden Reize gefunden, wächst die Triebstärke an, die Anstrengung des Appetenzverhaltens wird erhöht.

Triebhandlung
Die Triebhandlung, zum Beispiel Fressen oder Begatten, wird also aus zwei Quellen gespeist: dem äußeren Reiz (Nahrungsreiz, sexueller Reiz) und der inneren Triebstärke. Das Zusammenspiel der beiden Quellen erfolgt nach dem Gesetz der doppelten Quantifizierung. Es besagt, daß eine Triebhandlung dann erfolgt, wenn die Triebstärke hoch ist – dann genügt auch ein niedriger Reiz – oder wenn der Reiz hoch ist, dann genügt auch eine niedrige Triebstärke. Selbstverständlich erfolgt eine Triebhandlung auch dann, wenn beide Quantitäten hoch sind: Reizstärke und Triebstärke.

Endhandlung
Die Endhandlung (Nahrungsaufnahme, Orgasmus) bewirkt die mehr oder weniger schlagartige Reduktion der Triebstärke: Der Hunger wird gestillt, der Durst gelöscht, der Orgasmus erlebt. Die Endhandlung und das damit verbundene Verschwinden der inneren Bereitschaft sind aber nur der objektive Tatbestand. Maßgebend ist, wie zu Beginn des gesamten Vorgangs, ein Gefühl: die aufgelöste Triebspannung erzeugt ein intensives Lusterlebnis.

Der Selektionsvorteil des Triebes liegt auf der Hand: Mit Trieben ausgestattete Lebewesen finden sich nicht mit einer vorliegenden Mangelsituation ab, sie suchen vielmehr gegebenenfalls eine günstigere Umwelt auf. Liegt keine Nahrung vor, wird sie aktiv aufgesucht, ist kein Sexualpartner vorhanden, wird er aktiv aufgesucht. Der Trieb – im wörtlichen Sinne – ist dabei so stark, daß fast jede Anstrengung und fast jedes Risiko in Kauf genommen werden.

Der Mensch ist als Produkt der Evolution ebenfalls mit Trieben und Instinkten ausgestattet, und zwar ohne jeden Abstrich. Wenn man an die äonenlange Entstehungsgeschichte der Triebe denkt, ist es absurd, anzunehmen, die kurze Stammesgeschichte der Menschheit oder gar die wenigen Jahre Zivilisation hätten am Triebprogramm des Menschen irgend etwas geändert – zumal sich die Triebe ja auch beim Menschen als Selektionsvorteil erwiesen. Der Unterschied zum Triebleben der Tiere besteht darin, daß der Mensch in das Geschehen eingreifen kann, er kann – in bestimmten Grenzen – mit den Trieben umgehen: Er kann sich beherrschen, er kann sich aber auch der Lust wegen immer höhere Reize beschaffen. Tatsächlich läßt sich das menschliche Handeln weitgehend als Triebsteuerung verstehen – leider oft als sehr unvernünftige. Dies gilt für den Umgang mit dem Nahrungstrieb – man denke an die Maßlosigkeit im Wohlstand – mit dem Sexualtrieb – man denke an das katastrophale Bevölkerungswachstum –, mit dem Aggressionstrieb – man denke an Gewalt, Grausamkeit, Größenwahn.

Das Überleben des Menschen wird davon abhängen, ob er mit seinen Trieben vernünftig umzugehen lernt, insbesondere auch mit einem Trieb, den wir gleich näher untersuchen werden: dem Neugiertrieb.

Der Neugiertrieb als Sicherheitstrieb

Daß der Mensch den Reiz des Neuen sucht, daß er gerne fremde Länder erkundet, Probleme löst, Risiken eingeht und bei all dem auch Lust empfindet, wird niemand bestreiten. Tatsächlich läßt sich Neugier auch schon bei höheren Tieren beobachten: Ratten erkunden ihre Umgebung, Hunde bewegen sich auf Neues zu, Affen untersuchen alles, was sie kriegen können. Kinder in den ersten Lebensjahren sind ganz besonders neugierig. Sie steigen auf Stühle und Tische, probieren alle Geräte aus, sehen nach, was in den Schubladen ist, untersuchen alle Gegenstände.

Eine andere Frage ist, ob es sich bei der Neugier um einen Trieb handelt. Diese Frage ist von nicht zu überschätzender Bedeutung: Sollte es sich tatsächlich um einen Trieb handeln,

36

dann wäre auch klar, warum der Mensch unermüdlich Neues sucht, Neues schafft und immer neue Risiken aufsucht.

Ist also Neugier ein Trieb? Welchen Sinn hat er gegebenenfalls im Zusammenhang des Überlebens?

Gehen wir die Merkmale eines Triebes – wachsende Handlungsbereitschaft, Nutzen der Reize, Appetenzverhalten, Triebhandlung und Endhandlung – nacheinander durch.

Wachsende Handlungsbereitschaft

Wir wissen aus eigener Erfahrung, aber auch durch Experimente, daß die »Gier« nach Neuem spontan auftritt – wo gibt's was Neues? – und zwar um so stärker, je länger wir Neues entbehren mußten. Nach langer Abwesenheit greifen wir gierig zur Zeitung oder sonstigen Informationsquellen. Experimente mit lange dauernder Isolation zeigen, daß das Bedürfnis nach Information rasch anwächst. Die Isolationshaft wird nicht zuletzt aus diesem Grund zur Folter. Aber auch im täglichen Leben will man immer wieder Neues erleben. Man »sehnt« sich nach »Tapetenwechsel«, nach fernen Ländern, nach Abenteuern.

Nutzen auslösender Reize

Jeder Trieb hat seine auslösenden Reize. Welches sind diese im Falle der Neugier? Die Antwort erscheint zunächst einfach: Der Reiz ist das Neue. Aber nicht alles Neue ist reizvoll. Eine neue Mode interessiert nicht jeden, auch nicht ein neues Waschmittel oder eine neue Regierung. Als Reiz wird etwas Neues nur dann erlebt, wenn es von der gewohnten Lebenswelt abweicht, wenn Menschen, Tiere, Landschaften in einem fernen Land anders aussehen als gewohnt, wenn eine wissenschaftliche Erkenntnis dem gewohnten Weltbild widerspricht, wenn ein guter Bekannter sich plötzlich anders verhält usw.

Also: Ein Neugierreiz besteht in der Abweichung vom Gewohnten – sei es, daß etwas Ungewohntes in unseren Gesichtskreis tritt, sei es, daß wir ein Ereignis oder einen Gegenstand noch nie zur Kenntnis genommen haben. Neuigkeitswert hat das Unwahrscheinliche, das Seltene, das Überraschende; er ist um so größer, je größer die Abweichung vom Gewohnten ausfällt.

Aufsuchen des Reizes

Wird nicht immer wieder etwas Neues geboten – eine neue Umgebung, eine neue Aufgabe, ein neuer Mensch –, dann suchen wir das Neue aktiv auf. Wir zeigen ein Appetenzverhalten nach Neuem. Diese Appetenz ist charakteristisch für einen Trieb: Man gibt sich mit einer reizlosen Umwelt nicht zufrieden, sondern sucht die Reize aktiv, unter Umständen mit großer Anstrengung, auf. Deswegen reisen wir ja so gerne in ganz andere Länder, deswegen reizt uns das Exotische, das Außergewöhnliche, das Risiko. Vielleicht ist es zunächst »überraschend«, daß auch das Risiko – beim Klettern, Surfen, Drachenfliegen etc. – einen Reiz darstellt. Das kommt dadurch zustande, daß das Ungewohnte, das Unbekannte, durch Unsicherheit charakterisiert ist. Man kann also auch sagen: Der Reiz besteht in der Unsicherheit. Damit wird das Appetenzverhalten noch deutlicher: Das Aufsuchen von Unsicherheit reicht von der Abenteuerreise über das Schachspielen bis zum Risikosport.

Triebhandlung

Die Triebhandlung besteht darin, das Neue zum Gewohnten zu machen, das Unbekannte zum Bekannten, die Unsicherheit zur Sicherheit. Wir lernen Land und Leute kennen, wir lösen ein Problem, wir überwinden eine Gefahr. Hier zeigt sich erneut, daß es zentral darauf ankommt, den Reiz als das Unsichere zu erkennen. Unsicherheit ist der gemeinsame Nenner aller Neugierreize. Man kann Neugier nur verstehen, wenn man die Bedeutung erkennt, die im Verwandeln von Unsicherheit in Sicherheit liegt.

Betrachten wir das Lösen eines wissenschaftlichen Problems! »Vor einem Problem stehen« heißt Unsicherheit empfinden. Man kennt die Lösung nicht, ebensowenig die Lösungswege, es fehlt die rettende Idee. Am Ende der Problemlösung stehen Erkenntnis, Anwendung, Sicherheit.

Was passiert, wenn wir über einen Graben springen? Wir sind unsicher, wir versuchen, das Risiko abzuschätzen, wir überlegen uns die Folgen eines Scheiterns. Springen wir schließlich, so ist die Unsicherheit in jedem Falle beseitigt. Entweder sind wir sicher gelandet, oder wir liegen im Graben.

Informationstheoretisch ausgedrückt, besteht das Verwandeln von Unsicherheit in Sicherheit im Gewinn an Ordnung, an »Negentropie«. Die unsichere Situation ist durch eine hohe Entropie gekennzeichnet – jedes Ereignis kann mit gleicher Wahrscheinlichkeit auftreten –, eine sichere durch eine niedrige Entropie. Max Bense hat den Begriff Ordnung bzw. Unordnung so verdeutlicht: In einem Haushalt herrscht Unordnung, wenn die Wahrscheinlichkeit dafür, daß an irgendeiner Stelle des Haushaltes die Butter liegt, ebenso groß ist wie die Wahrscheinlichkeit dafür, daß an dieser Stelle der Kamm liegt. Herrscht Ordnung, liegt also jedes Ding an seinem Platz, findet man alles mit Sicherheit: die Entropie hat den Wert Null.

Halten wir fest: Der Reiz der Neugier besteht in der Unsicherheit, die Neugierhandlung, das »Explorieren«, in der Verwandlung von Unsicherheit in Sicherheit.

Endhandlung

Die Endhandlung der Neugier besteht in der Auflösung der durch Unsicherheit erzeugten Spannung, also durch Erreichen von Sicherheit. Die Spannungsauflösung wird lustvoll erlebt. Wenn wir ein Problem gelöst, eine Gefahr überstanden, ein Abenteuer bewältigt haben, werden wir mit intensiver Lust »belohnt«. In der Literatur wird die mit Lust verbundene Endhandlung – ohne Bezugnahme auf die Verhaltensbiologie – seit langem beschrieben als »Aha-Erlebnis« (Karl Bühler), als Entdeckungsfreude, als – wie wir gleich sehen werden – »Flow-Erlebnis« (Csikszentmihalyi). Kein Zweifel: Der Gewinn an Sicherheit wird mit Lust erlebt, insbesondere dann, wenn die Spannung plötzlich abgebaut wird.

Zusammenfassend stellen wir fest, daß das Neugierverhalten sämtliche Bedingungen eines Triebes aufweist, insbesondere auch das Appetenzverhalten: die »Gier« nach Neuem. Im allgemeinen wird der Trieb als Neugiertrieb bezeichnet, sieht man jedoch auf den Sinn dieses Triebes, den Gewinn an Sicherheit, könnte man ihn ebensogut »Sicherheitstrieb« nennen. Ja, diese Bezeichnung ist insofern aufschlußreicher, als sie sofort den Sinn des Triebes erkennen läßt. Gelegentlich spricht man ja auch von einem »Erkenntnistrieb«. Das ist nicht falsch, der Gewinn an Sicherheit beschränkt sich jedoch nicht auf den Erkenntnisgewinn, er betrifft jede Art der Verwandlung von Unsicherheit in Sicherheit. Hervorzuheben ist, daß der Sicherheitstrieb, wie jeder andere Trieb auch, spontan ist, das heißt: Das Unbekannte, das Neue, das Unsichere wird aktiv aufgesucht mit dem Zweck, es dem bestehenden Sicherheitssystem einzuverleiben. Die Erkenntnis, daß der Neugiertrieb in Wirklichkeit ein Sicherheitstrieb ist, ist fundamental für das Verständnis menschlichen Verhaltens. Sie erklärt nicht nur das Neugier- und Risikoverhalten, sondern auch Erscheinungen wie Angst, Langeweile, Glaube und »Risikogesellschaft« (Beck, 1986).

Noch eines wird deutlich: Der Sicherheitstrieb ist, wie jeder andere Trieb auch, nie dauerhaft befriedigt! Es gibt keinen Endzustand an Sicherheit, wie das etwa Maslow annimmt. Ist Sicherheit erreicht, sucht man Unsicherheit auf. Das ist der Kern des Verständnisses für das Risikoverhalten des Menschen.

Das Sicherheits-Risiko-Gesetz

Das Motorradfahren ist »sicher« ein gutes Beispiel für risikoreiches Handeln. Die Statistik zeigt eindeutig, daß Motorradfahren ein 40mal höheres Verletzungs- und Tötungsrisiko mit sich bringt als Autofahren – und dieses ist ja wahrhaftig auch nicht ohne Risiko. Psychologen der Universität Heidelberg (Rheinberg, Dirksen, Nagel 1985) haben 150 Motorradfahrer befragt, was sie veranlaßt, ein so hohes Risiko einzugehen. Die Antworten waren durchaus verblüffend:

Die Befragten empfanden das Motorradfahren gar nicht als riskant. Die Motivation war nicht das Risiko oder gar das »Spiel mit dem Leben«. Die Motorradfahrer hatten vielmehr »Freude an der Maschine«, sie hatten Lust am »unmittelbaren Erleben hoher Geschwindigkeit«, am »Spüren und Bewältigen wilder Kraft«, am »Durchstehen schwieriger Anforderungen« etc. Sie wußten zwar, daß Motorradfahren objektiv gefährlich ist, hielten sich aber persönlich für fähig, die Maschine zu beherrschen, gefährliche Situationen zu »meistern«. Es gab nur wenige Fahrer, die den »Nervenkitzel« selbst als Anreiz empfanden.

40

Also: Motorradfahrer fühlen sich aufgrund ihrer Qualifikation sicher, sie empfinden das objektive Risiko, das ihnen durchaus bekannt ist, subjektiv nicht als solches. Einige Fahrer holen sich freilich noch eine zusätzliche Sicherheit: Sie glauben an einen »Schutzengel«.

Nehmen wir als zweites Beispiel das Bergsteigen. Gerade den geübten Bergsteigern ist das objektive Risiko – gemessen am Schwierigkeitsgrad – durchaus bekannt. Sie kennen andererseits aber auch ihre eigene Leistungsfähigkeit und empfinden das Klettern in einem angemessenen Schwierigkeitsgrad nicht als »übermäßig« riskant. Es gibt freilich auch leichtsinnige Kletterer, die ungenügend ausgebildet und meist auch ungenügend ausgerüstet in die Wand steigen. Sie überschätzen ihr Können oder, was auf dasselbe hinausläuft, sie unterschätzen die Schwierigkeit und die unvorhersehbaren Gefahren. Aber gerade deswegen fühlen sie sich sicher. Sie empfinden das objektive Risiko nicht als solches – und begeben sich dadurch in höchste Gefahr. Dasselbe gilt für andere Risikosportarten vom Skifahren bis zum Drachenfliegen.

Das Hauptmerkmal eines Triebes ist ja das Anwachsen der Handlungsbereitschaft und – damit verbunden – das Wahrnehmen oder Aufsuchen auslösender Reize. Ein Trieb ist eben nicht statisch, sondern, wie die Bezeichnung richtig sagt, dynamisch, eine treibende Kraft. Im Falle des Sicherheitstriebes bedeutet dies, daß dann, wenn Sicherheit erreicht ist, und auch noch längere Zeit währt, neue Unsicherheit wahrgenommen oder, wenn erforderlich, aufgesucht wird.

Der Mensch sucht also, wenn er sich in Sicherheit befindet, Unsicherheit auf. Diese kann in einem Problem bestehen, oder in einer riskanten Situation im Sinne hoher Entropie. Es wird jedoch nur so viel Unsicherheit eingegangen, wie – aller Wahrscheinlichkeit nach – abgebaut werden kann. Es werden nur Probleme akzeptiert oder aufgesucht, die lösbar erscheinen, es wird nur so schnell gefahren, wie die Situation erlaubt.

Mit Hilfe der Informationstheorie läßt sich der Prozeß des Unsicherheitsabbaues genauer beschreiben. Das Erscheinen von Unsicherheit bedeutet, daß man seine Informationskapazität auf diese Erscheinung richtet. Übersteigt die Unsicherheit die Kapazität, schaffen wir also den Abbau nicht, so bekommen wir Angst. Wird die Ka-pazität unterfordert, so wird es uns, zumindest in diesem Bereich, langweilig.

Nun ist folgendes klar: Je sicherer man sich fühlt, desto weiter muß man gehen, um auf den Reiz der Unsicherheit zu stoßen. Das »Weitergehen« kann durchaus wörtlich genommen werden – beispielsweise beim Erkundungsverhalten kleiner Kinder. Das »Weitergehen« kann natürlich auch schnelleres Fahren bedeuten, gewagteres Klettern oder das Angehen schwierigerer Probleme.

Nun handelt es sich bei einem Reiz immer um ein (subjektives) Gefühl. Dies gilt auch für Sicherheit bzw. Unsicherheit. Das Risikoverhalten wird also durch das (subjektive) Gefühl der Sicherheit bestimmt, es braucht, wie jeder weiß, nicht auf objektiver Sicherheit gegründet zu sein. Das Sicherheitsgefühl kann auch auf Gottvertrauen beruhen oder auf Selbstüberschätzung.

Je größer also die Sicherheit ist (genauer das Sicherheitsgefühl), desto größer muß auch die Schwierigkeit sein – sonst wird sie ja nicht als Reiz empfunden. Ein sich sicher fühlender Bergsteiger muß in eine (objektiv) steile Wand einsteigen, um Unsicherheit zu spüren. Ein sich sicher fühlender Motorradfahrer muß (objektiv) schneller fahren, um Unsicherheit zu erleben, ein sich sicher fühlender Schachspieler braucht einen (objektiv) ebenbürtigen Gegner, um das Spiel als reizvoll zu empfinden.

Das Sicherheits-Risiko-Gesetz besagt also: Je sicherer man sich fühlt, desto größer ist das objektive Risiko, das man eingeht oder aufsucht.

Die Ableitung des Sicherheits-Risiko-Gesetzes aus dem Sicherheitstrieb läßt noch eine Ergänzung dieses Gesetzes erkennen: Da der Mangel an Unsicherheit zum Appetenzverhalten führt, gilt: Je länger die Sicherheit währt, desto intensiver wird die Suche nach Unsicherheit.

An zwei Beispielen möchte ich das Sicherheits-Risiko-Gesetz verdeutlichen: am Autofahren und am explorativen Verhalten kleiner Kinder.

Wird ein Autofahrer nicht durch äußere Umstände zu einem anderen Verhalten gezwungen, dann fährt er gemäß dem Sicherheits-Risiko-Gesetz. Fährt er (seinem Empfinden nach) zu schnell, wird die (subjektive) Unsicherheit zu groß; er bekommt

Angst und fährt langsamer. Fährt er (seinem Empfinden nach) zu langsam, mangelt es ihm an Unsicherheit; es wird ihm langweilig, er fährt (wieder) schneller. Die optimale Fahrweise liegt also zwischen Angst und Langeweile, sie ist dadurch gekennzeichnet, daß in jedem Augenblick Unsicherheit in Sicherheit verwandelt wird.

Steigt der Autofahrer auf ein sichereres Auto um, so muß er – um seinen Sicherheitstrieb ständig lustvoll befriedigen zu können – die Geschwindigkeit erhöhen. Mit der Erhöhung der Geschwindigkeit steigt aber das objektive (nicht das subjektive) Risiko.

In seiner ursprünglichen Form, nämlich im Bereich des Erkundungsverhaltens, finden wir das Sicherheits-Risiko-Gesetz beim Kleinkind. Das Kleinkind erkundet seine Umgebung aktiv, sobald es körperlich dazu in der Lage ist, also etwa im Alter von sechs Monaten. Das Hinbewegen auf neue Gegenstände, also das Aufsuchen von Unsicherheit, hängt dabei vom Sicherheitsgefühl ab, in diesem Falle von der Anwesenheit der Mutter oder einer entsprechenden Bezugsperson. Geht die Mutter weg, stellt das Kind seine Erkundungen ein, es richtet seine Aufmerksamkeit auf Zeichen, die das Wiederkommen der Mutter andeuten, wie Schritte oder Stimmen.

Wie weit sich das Kind beim Erkunden seiner Umgebung von der Mutter entfernt, hängt natürlich auch von der zunehmenden Sicherheit des Kindes ab, sowie vom Reiz des Gegenstandes. Zweijährige dehnen ihre Erkundungszüge auf ca. 60 Meter aus. Locken aber besonders interessante Gegenstände, beispielsweise eine Schaukel, laufen sie auch noch weiter weg. Dies löst dann den Abbau der Unsicherheit bei der Mutter aus: Sie läuft dem Kind nach. Das Sicherheits-Risiko-Gesetz im Kleinkindalter zeigt im übrigen, wie wichtig die Anwesenheit der Mutter in diesem Alter ist. Bekommt das Kind nicht ausreichend Sicherheit, so exploriert es auch nicht. Ohne Exploration entwickelt sich aber die Intelligenz nur unvollständig. Es entstehen Schäden, die nur schwer oder auch gar nicht mehr zu beheben sind.

Ähnlich wie Kinder verhalten sich im übrigen auch junge Tiere. Junge Füchse etwa erkunden die Umwelt auch nur, wenn die Mutter da ist, andernfalls ziehen sie sich in den sicheren Bau zurück.

In unserem täglichen Leben gibt es zahlreiche Beispiele für das Sicherheits-Risiko-Gesetz. Vor kurzem las ich einen Artikel über das Prozeßverhalten von Rechtsversicherten. Da wird dann irgendwelcher Kleinigkeiten wegen jahrelang prozessiert. Die Kosten trägt ja die Versicherung. Man sieht auch hier: Je größer das Sicherheitsgefühl ist – in diesem Falle ist es ja durchaus gerechtfertigt – um so größer ist das objektive Risiko – gemessen an den Kosten und an der Dauer der Prozesse.

Im folgenden wollen wir untersuchen, welche Risikofaktoren zu echten Gefahren führen. Zuvor möchte ich jedoch zeigen, daß in der Literatur das Risikoverhalten des Menschen zwar oft richtig beschrieben, aber eben nicht erklärt wird.

Flow – die Lust des Sicherheitstriebes

Das Flow-Erlebnis bei Csikszentmihalyi

»In einer Welt, die nach gängiger Meinung von der Sucht nach Geld, Macht, Ansehen und Vergnügen beherrscht ist, überrascht es, Leute zu finden, welche alle diese Ziele aus unersichtlichen Gründen hintanstellen: Leute, welche ihr Leben beim Klettern am Fels riskieren, ihr Leben der Kunst widmen oder ihre Energien dem Schachspiel zuwenden. In dem wir dem Wesen dieses freudigen Tuns nachgehen, welches materielle Belohnung unwichtig erscheinen läßt, hoffen wir, einiges zu erfahren, was die Qualität unseres Alltagslebens verbessern könnte.«

Diesen Worten von Csikszentmihalyi (1987) möchte ich ausdrücklich zustimmen – bis auf eines: Die Gründe sind keineswegs »unersichtlich«, sie ergeben sich vielmehr aus dem Sicherheitstrieb des Menschen. Ich werde dies gleich darlegen, zunächst möchte ich jedoch die Ergebnisse von Csikszentmihalyi kurz darstellen.

Um herauszubekommen, warum bestimmte Aktivitäten trotz Anstrengung und Risiko mit intensiver Lust durchgeführt werden, hat Csikszentmihalyi leidenschaftliche Bergsteiger befragt,

Schachspieler, Tennisspieler, Basketballspieler und Chirurgen. Ich gebe zunächst einige Kommentare von Bergsteigern wieder:

»Eines der schönsten Erlebnisse beim Klettern besteht darin, die Möglichkeit jeder einzelnen Position herauszufinden. Jede weist unendlich viele Gleichgewichtsvariationen auf, und aus diesen nun die beste herauszutüfteln, sowohl im Bezug auf die jetzige wie auf die nächste Position, das ist wirklich toll!« – »Man probiert und probiert, bis eine Lösung gefunden ist.«

Auf die Frage, ob sie das Klettern für gefährlich hielten, antworteten die Bergsteiger unter anderem:

»Klettern ist nur gefährlich, wenn man gefährlich klettert.« – »Sehr selten. Hie und da tue ich etwas, was gefährlich ist. Meist verhalte ich mich aber sicherheitsbewußt.« – »Den Gefahrengrad bestimmt man in gewisser Weise selbst.« – »Nicht eigentlich, das meiste passiert aus Unwissenheit heraus. Je besser man als Kletterer ist, um so besser kann man in jedem Moment die Folgen beurteilen.«

Die Gefahr selbst, die durchaus gesehen wird, nannte nur ein einziger Informant als eigenen Reiz.

Csikszentmihalyi bezeichnet den »besonderen dynamischen Zustand«, das holistische Gefühl bei völligem Aufgehen in einer Tätigkeit, als »Flow«. Das Entscheidende ist, daß sich Menschen dem Flow-Erlebnis um des Zustandes selbst willen hingeben und nicht wegen damit verbundener äußerer Belohnungen. »Noch nie«, schreibt Csikszentmihalyi, »hat man von einem Maler gehört, der nach der Fertigstellung eines Bildes seine Pinsel weggepackt hätte. Meist interessiert ihn das fertige Bild auch kaum mehr. Und welcher Wissenschaftler fühlte sich durch eine Entdeckung so belohnt, daß er sein Forschen aufgab? Das Erreichen eines Zieles ist wichtig, um eigene Leistung zu belegen, aber es ist nicht in sich selber befriedigend. Was uns in Gang hält, ist das Erlebnis, jenseits der Parameter von Angst und von Langeweile zu agieren: das Flow-Erlebnis.«

Das Flow-Erlebnis tritt nach Csikszentmihalyi nur dann auf, wenn die Aktionen im Bereich der Leistungsfähigkeit des Ausführenden liegen, dort allerdings bis an die Grenze gehen. Das wiederum bedeutet, daß sie volle Konzentration erfordern: Man geht in der Tätigkeit auf, man ist total »ausgefüllt«. Damit die Tätigkeit erfolgreich durchgeführt werden kann, muß man sie selbstverständlich unter Kontrolle haben. »Allerdings ist es nicht so,« schreibt Csikszentmihalyi, »daß wir im Flow innehalten, um die Rückmeldungen zu evaluieren; Handlungen, Reaktionen sind meist so geübt, daß sie automatisch geworden sind. Man ist zu sehr von einem Erlebnis ausgefüllt, um darüber nachzudenken.«

Die wichtigste Erkenntnis von Csikszentmihalyi liegt darin, daß das Flow-Erlebnis in ganz unterschiedlichen Tätigkeitsbereichen auftreten kann. Das kommt schon in den Beschreibungen des Flow-Erlebnisses beim Klettern zum Ausdruck: Es wird mit dem Lösen von mathematischen oder technischen Problemen verglichen. Aber auch ohne diesen expliziten Vergleich sind die Beschreibungen des Flow-Erlebnisses beim Klettern, Schachspielen, Tanzen etc. von frappierender Ähnlichkeit. »Autotelische Aktivitäten«, schreibt Csikszentmihalyi »wurden von den Teilnehmern als dem Entwerfen oder Entdecken von etwas Neuem, dem Erkunden eines fremden Ortes und dem Lösen eines mathematischen Problems sehr ähnlich eingestuft.«

Csikszentmihalyi beschreibt das Flow-Erlebnis sehr genau, aber er kann keine Erklärung dafür geben. Die Frage: »Was motiviert Menschen, strapaziöse und mit Einsatz und Opfern verbundene Tätigkeiten um ihrer selbst Willen auszuführen, ohne Anreize wie Geld, Status, Macht oder Prestige?« bleibt ohne Antwort.

Im folgenden möchte ich versuchen, diese Frage zu beantworten, denn hier liegt der Schlüssel für die Gestaltung einer humanen Arbeitswelt, einer erfüllten Freizeit, einer effektiven Erziehung. Es werden ja nicht alle Tätigkeiten lustvoll erlebt. Am Fließband stehen ist nicht lustvoll, Routine ist langweilig, Auswendiglernen eine Qual.

Worin besteht also die Lust beim Flow? Woher kommt sie? Wie kann man sie erzeugen? Wie kann man sie steuern?

Das Flow-Erlebnis als Triebbefriedigung

Legt man die Erkenntnisse der Verhaltensbiologie zugrunde, so liegt eine Erklärung des Flow-Erlebnisses geradezu auf der Hand.

Ich erinnere zu diesem Zweck noch einmal an die Feststellung, daß der Neugiertrieb in Wirklichkeit ein Sicherheitstrieb ist: Der auslösende Reiz ist das Neue, das Ungewohnte, das Unbekannte, das Unsichere. Ist der Reiz nicht vorhanden, so suchen wir ihn auf. Wir sind »gierig« auf das Neue, wir strengen uns an, Neues zu finden, neue Menschen, neue Länder, neue Aufgaben, auch wenn diese Suche mit Risiko behaftet ist. Die Triebhandlung besteht im Bekanntmachen des Unbekannten, im Lösen von Problemen, in der Exploration, in der Verwandlung von Unsicherheit in Sicherheit. Dieser Gewinn an Sicherheit wird mit Lust erlebt, mit Entdeckerfreude, mit einem Aha-Erlebnis, mit einem enormen Glücksgefühl. Dieses Gefühl ist ein Selektionsvorteil, denn es führt zu weiterer Exploration, zu immer größerer Sicherheit.

Kommen wir zurück zum Flow-Erlebnis nach Csikszentmihalyi. Tatsächlich beschreibt Csikszentmihalyi exakt solche Tätigkeiten, bei denen laufend Unsicherheit in Sicherheit verwandelt wird: Der Kletterer sucht nach Griffen, er befindet sich also zunächst in der Phase der Unsicherheit. Hat er einen Griff gefunden, ist die Unsicherheit abgebaut und Sicherheit erreicht. Der Schachspieler steht vor einer Fülle möglicher Züge, er befindet sich also zunächst in der Phase der Unsicherheit. Hat er sich für einen Zug entschieden, hat er diese Unsicherheit bewältigt und – für den Augenblick – Sicherheit gewonnen. Ähnlich stehen Künstler, Manager, Politiker, Wissenschaftler vor einer Fülle von Möglichkeiten, also vor einer Situation mit hoher Entropie; indem sie sich entscheiden oder eine bestimmte Möglichkeit als die richtige erkennen, bauen sie Unsicherheit ab und gewinnen Sicherheit.

Damit ist klar: Das Flow-Erlebnis ist die mit Lust erlebte Endhandlung des Sicherheitstriebes.

Mit dieser Erkenntnis lassen sich sämtliche Flow-Phänomene erklären: Ein Sicherheitsgewinn findet nur statt, wenn Unsicherheit vorhanden ist und abgebaut werden kann. Das heißt insbesondere: Ist die Unsicherheit zu groß, oder kann sie prinzipiell nicht bewältigt werden, dann bleibt Unsicherheit bestehen, es entsteht Angst. Nehmen wir als Beispiel für eine zu große Unsicherheit den Bergsteiger, der sich in eine zu schwierige

Wand gewagt hat. Er bekommt Angst und ruft nach Rettung. Immerhin besteht die Möglichkeit, daß er durch weitere Qualifikation die Wand später einmal bezwingen kann.

Es gibt aber auch Unsicherheiten, die prinzipiell nicht abgebaut werden können: Mögliche Naturkatastrophen, Krankheiten, Unfälle etc. Sie erzeugen keinen Flow, sondern Angst. In Übereinstimmung damit stellt Csikszentmihalyi fest, daß nur solche Aktivitäten zum Flow-Erlebnis führen, die der Betreffende »unter Kontrolle hat«. So erlebt der Motorradfahrer seine Fahrt durchaus als Flow, er beherrscht die Maschine, er hat sie unter Kontrolle, er verwandelt laufend Unsicherheit in Sicherheit. Der Beifahrer erlebt die nackte Angst: Er muß die Unsicherheit erleiden, weil er nichts dazu beitragen kann, sie zu bewältigen.

Die Unsicherheit darf aber auch nicht zu klein sein, sonst wird der Abbau nicht als spannend empfunden, es entsteht Langeweile. Flow kann ja nur durch den Gewinn an Sicherheit erlebt werden, setzt also den Abbau von Unsicherheit – und die hierfür notwendige Konzentration – voraus. In folgender Formulierung von Csikszentmihalyi kommt genau dies zum Ausdruck: »Ungewißheit bedeutet, daß ein Fließen möglich ist, während absolute Gewißheit statisch, tot, nicht fließend ist«.

Die Erkenntnis, daß es sich beim Flow um ein Triebgeschehen handelt, erklärt nicht nur das Phänomen selbst, sondern auch die »Begleiterscheinungen«: Das Aufsuchen von Flow, das Flow-Erlebnis in unterschiedlichen Tätigkeitsbereichen, die Abgrenzung zu anderen Motiven.

Daß viele Menschen Flow aufsuchen – sei es in der Arbeitswelt oder in der Freizeit –, erklärt sich aus dem Appetenzverhalten des Sicherheitstriebes. Auch hier gilt, was für sämtliche Triebe gilt: Die Belohnung durch die Lust der Endhandlung, in diesem Falle das Flow-Erlebnis, ist so hoch, daß man auch große Anstrengungen auf sich nimmt, diese Lust zu erleben. Das bedeutet freilich nicht, daß – wie Csikszentmihalyi behauptet – das Flow-Erlebnis nur durch Anstrengung zu erlangen ist. Tatsächlich kann man sich die Endhandlung eines Triebes auch ohne Anstrengung verschaffen, im Falle des Sicherheitstriebes durch den Nervenkitzel eines Krimis oder eines Abenteuerfilms.

48

Es gibt also durchaus auch Verwöhnung beim Flow, ja, diese Art von Verwöhnung ist sogar weit verbreitet. Wer hört oder sieht nicht gerne spannende Geschichten, am liebsten im Lehnstuhl oder im Bett? Gewiß, der passive Flow wird nicht so intensiv erlebt wie der aktive – lustvoll ist er allemal.

Allgemein gilt, daß Flow überall da erlebt werden kann, wo Unsicherheit potentiell vorhanden und prinzipiell abbaubar ist. So kann beim Klettern Flow erlebt werden, beim Lösen von Problemen, beim Operieren, Malen oder Schachspielen. Flow kann nicht erlebt werden beim einfachen Gehen oder Schwimmen, bei stets gleichen Arbeitsgängen am Fließband, bei Routinetätigkeiten jeder Art. Das Flow-Erlebnis ist also nicht von bestimmten Tätigkeitsbereichen abhängig, sondern vom Gehalt an Unsicherheit.

Mit der Erkenntnis des Flow-Erlebnisses als Lust des Sicherheitstriebes gelingt auch eine präzise Abgrenzung zu anderen Triebmotiven, beispielsweise zu Sieg oder Anerkennung (v. Cube 1993). Auch hier besteht Übereinstimmung mit Csikszentmihalyi: »Das Flow-Erlebnis« sagt er, »bedarf keiner äußeren Anerkennung.« Es kommt durch die Tätigkeit selbst zustande. Das bedeutet natürlich nicht, daß nicht auch Anerkennung oder andere Motive hinzukommen können. So lassen sich viele Extremkletterer, Schachspieler, Forscher, Artisten und andere außerdem noch gerne anerkennen oder bewundern. Dies gelingt freilich nur dann, wenn der Flow mit einer besonderen Leistung verbunden ist. Darauf komme ich gleich zurück.

Daß sexuelle Lust oder Bindung auf anderen Triebvorgängen beruhen, ist klar. Aber auch die bei anstrengendem Appetenzverhalten, zum Beispiel beim Jogging, auftretenden rauschhaften Gefühle, haben nichts mit Flow zu tun. Hier wird nicht Unsicherheit abgebaut, sondern Ausdauer bewirkt.

Auf eine weitere Abgrenzung zum Flow macht Apter (1994) aufmerksam: Die Erleichterung. Sie tritt dann auf, wenn wir Angst verspüren, also nicht abbaubare Unsicherheit und diese dann plötzlich von uns genommen wird, wenn wir beispielsweise vermuten, eine unheilbare Krankheit zu haben und der Arzt eröffnet uns, daß alles in Ordnung sei. Das Gemeinsame von Flow und Erleichterung liegt im Gewinn an Sicherheit.

Während Flow jedoch durch den eigenen Abbau (bewältigbarer) Unsicherheit entsteht, kommt es zur Erleichterung durch Wegnahme unbewältigbarer Unsicherheit, also von Angst. Die Intensität dieses Gefühls kann daher noch stärker sein als Flow.

Experten-Flow

Flow entsteht, wie wir gesehen haben, dann, wenn wir Unsicherheit in Sicherheit verwandeln und hierfür unsere volle Konzentration brauchen. Das bedeutet, daß eine potentielle Herausforderung – eine Felswand, ein Problem, ein Spiel – nur dann zu Flow wird, wenn die Fähigkeit des Betreffenden dem Schwierigkeitsgrad gerade angemessen ist, wenn also Herausforderung und Leistungsfähigkeit im Gleichgewicht stehen. So kann etwa ein Anfänger, dem es gelingt, zum ersten Mal auf Skiern zu stehen, ebenso Flow erleben wie ein Könner, der die Piste herunterrast. Spielen zwei Anfänger miteinander Schach, können ihre Flow-Erlebnisse ebenso groß sein wie diejenigen von Schachexperten.

Graphisch stellt sich das Gleichgewicht zwischen Herausforderung und Leistungsfähigkeit, der sogenannte Flow-Kanal, als Winkelhalbierende dar:

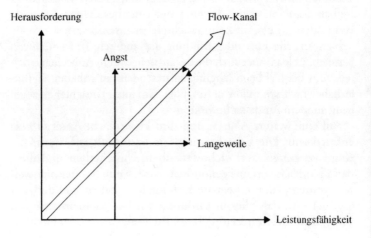

Die Graphik macht folgendes deutlich: Die Flow-Aktivität beginnt (selbstverständlich) mit geringer Leistungsfähigkeit und entsprechend geringer Herausforderung. Steigert sich durch wiederholte und verbesserte Tätigkeit die Qualifikation, dann muß auch die Herausforderung erhöht werden. Dieses Ausgreifen und Anwachsen des Akteurs ist für die Organisation der Arbeitswelt von größter Bedeutung: Wird ein Mitarbeiter nicht permanent gefordert, ist er der Langeweile ausgeliefert.

Unter Umständen kann auch ein anderer Weg beschritten werden: Man erhöht zunächst die Herausforderung und sorgt dann für die notwendige Qualifikation. Beim Bergsteigen freilich ist ein solches Vorgehen nicht zu empfehlen.

Steigt nun jemand in einen Flow-Kanal ein, so hat er, wenn er weiterhin Flow erleben will, prinzipiell zwei Möglichkeiten:

Die erste besteht darin, daß der Akteur, wenn er eine durchschnittliche Qualifikation erreicht hat, also sagen wir »Durchschnittsflow« erlebt, den betreffenden Kanal verläßt und auf einen anderen umsteigt. So gibt sich etwa ein durchschnittlicher Tennisspieler mit seinem (durchschnittlichen) Können zufrieden, dafür spielt er noch »ein bißchen« Fußball, ein bißchen Schach etc. Der Vorteil eines solchen Vorgehens liegt in den vielfältigen Gelegenheiten und einem relativ geringen Energieaufwand. Natürlich muß man sich auch beim Durchschnittsflow anstrengen – man muß die Grundfertigkeiten besitzen, muß wissen, wie die Schachfiguren gehen etc. –, aber die Anstrengung hält sich in Grenzen: Man braucht keine besondere Leistung zu erbringen. Ein solches Verhalten ist im übrigen auch in der Arbeitswelt verbreitet: Man macht mal diesen Job mal jenen.

Die zweite Möglichkeit, dauerhaften Flow zu erleben, liegt im Aufsuchen des »Experten-Flows«. Darunter verstehe ich den Flow, der durch überdurchschnittliches Können erreicht wird, durch hohe Leistung. Der Akteur bleibt hier seiner Tätigkeit treu, er nutzt sein gesteigertes Können, um immer neue Herausforderungen zu bestehen. Ein Musterbeispiel für den Experten-Flow ist der Bergsteiger Reinhold Messner. Er stieg erst dann aus seinem Metier aus, als alle interessanten Berge erklommen waren.

Gewiß – der Weg zum Experten-Flow ist mit hoher Anstrengung verbunden. Deswegen bedarf es oft noch eines weiteren Motivs: der

Anerkennung. Es ist ja klar, daß man Anerkennung nur durch eine besondere, überdurchschnittliche Leistung erhält. Die Mühe, Experte zu werden, lohnt sich also. Der Lohn liegt dabei nicht unbedingt im höheren Flow-Erlebnis, er liegt im Bereich aggressiver Triebbefriedigung, in Anerkennung und Rang.

Dazu kann noch ein weiterer Vorteil des Expertentums kommen: Der Vorstoß zur Kreativität. Tatsächlich wird Kreativität, also die Erzeugung von Neuem, in der Regel nur dann erreicht, wenn die vorhandenen Möglichkeiten ausgeschöpft sind. Desmond Morris (1969) beschreibt diesen Prozeß beim Spielen: »Der starke exploratorische Drang unserer Art veranlaßt uns, das neue Spielzeug zu untersuchen und es auf so vielerlei Weise auszuprobieren, wie es nur möglich ist. Mit dem Ende dieser Überprüfung ist uns das zuvor unbekannte Spielzeug zu etwas Vertrautem geworden. An dieser Stelle nun kommt unsere Findigkeit ins Spiel: Jetzt geht es darum, das neue Spiel verwendbar zu machen (oder das, was wir von ihm gelernt haben) und neue Probleme mit seiner Hilfe zu lösen. Wenn wir durch das Kombinieren mit Erfahrungen, die wir an verschiedenen Spielzeugen gemacht haben, mehr aus ihnen machen, als wir zu Anfang hatten, dann sind wir schöpferisch gewesen.«

Schradi (1994) beobachtete ein ähnliches Verhalten bei Skiläufern. Wenn ein Könner die normalen Abfahrten beherrscht, die Herausforderung also an eine natürliche Grenze gestoßen ist, dann wird er gelegentlich kreativ: Er probiert einen Salto aus, er erfindet neue Abfahrtstechniken, neue Stile, neue Geräte. Die Feststellung, daß man erst auf einem hohen Leistungsstand kreativ werden kann, gilt für alle Aktivitäten, für wissenschaftliche, technische, künstlerische, sportliche. Tatsächlich liegen in der Erzeugung von Flow (und Anerkennung) durch Kreativität unbegrenzte Chancen für eine höhere Lebensqualität in Arbeitswelt und Freizeit.

Halten wir fest: Stößt die Herausforderung an gegebene Grenzen, kann man durch Kreativität neuen Flow erleben, ja, wenn man im selben Tätigkeitsbereich bleiben will, muß man kreativ werden, um Flow zu erleben.

Möchte man das kreative Potential zum Wohle des einzelnen und der Sozietät nutzen, sind zwei Bedingungen zu erfüllen: Der

52

Tätigkeitsbereich muß der individuellen Struktur des Betreffenden entsprechen, Ausbildung und Fortbildung müssen dieser Struktur entsprechend individuelle Stärken fördern. Darauf komme ich noch zurück.

Die fünf Risikofaktoren

Angstvermeidung

Flow entsteht, wie wir gesehen haben, dann, wenn wir durch eigenes Können Unsicherheit in Sicherheit verwandeln. Das Flow-Geschehen ist im allgemeinen nicht gefährlich – selbst beim Klettern nicht –, denn die Bewältigung von Unsicherheit bedeutet ja, daß wir diese unserem Können entsprechend eingeschätzt haben. Außerdem richten wir beim Flow die volle Aufmerksamkeit auf die Bewältigung der Aufgabe.

Ein echtes Risiko entsteht nur, wenn wir eine Unsicherheit zu bewältigen versuchen, der wir nicht gewachsen sind, also eine solche, die wir falsch einschätzen, die gar nicht abbaubar ist oder in die wir hineingezogen werden. Nehmen wir einmal an, wir würden uns maßlos überschätzen, zum Beispiel glauben, wir könnten fliegen, und würden dann dieser Einschätzung entsprechend in den Abgrund stürzen. Wir können aber auch unverschuldet in Situationen geraten, deren Unsicherheitsgehalt wir nicht bewältigen können. Nehmen wir einmal an, wir fühlten uns mit einem kleinen Auto bei Tempo 120 durchaus sicher und wohl; plötzlich kommt ein schneller Fahrer von hinten und jagt uns. Jetzt fahren wir schneller, fühlen uns unsicher, bekommen Angst, aber können der Situation nicht entrinnen.

Es gibt beliebig viele Beispiele solcher Risikosituationen. In einige gerät man unverschuldet hinein, andere gehen auf eigenes Fehlverhalten zurück, auf selbstverschuldete Risikofaktoren. Um diese geht es im folgenden. Ich beginne mit dem Faktor Angstvermeidung.

Angst entsteht durch Unsicherheit, die man nicht abbauen kann. Allerdings kommt Angst nicht nur durch Unsicherheit allein zustande, Angst stellt sich erst dann ein, wenn die Folgen der einen oder anderen Möglichkeit schädlich sind, unangenehm, traurig oder gar tödlich. Gibt es nur positive Folgen, wie etwa bei einem Losgewinn, dessen Höhe man noch nicht kennt, besteht kein Grund zur Angst. Hier liegt im übrigen der Unterschied zwischen Angst und Furcht: Angst bezieht sich auf die Möglichkeit von Schädigungen, ist also immer mit Unsicherheit verbunden, Furcht bezieht sich auf die Erwartung einer ganz bestimmten Schädigung. Ein Kind, das Angst zeigt, »fürchtet« den Spott. Fremdenfurcht dagegen ist eigentlich Fremdenangst: Der Fremde ist ja mit Unsicherheit behaftet. Um vor jemandem Furcht zu haben, muß man ihn genau kennen.

Typische Situationen für die Entstehung von Angst sind beispielsweise Verunsicherung, sich auftürmende Schwierigkeiten, Unvorhersehbares, aufgezwungene Unsicherheit.

Nehmen wir als erste Situation die Verunsicherung. Wenn sich in eine bisher sichere Beziehung Mißtrauen einschleicht, wenn sich eine bisher stabile politische Lage plötzlich verändert, wenn sich an einem sicheren Glauben Zweifel regen, dann »bekommt man es mit der Angst zu tun«. Die Sprache erweist sich als sehr präzise: Die Angst kommt einfach, man kann sie nicht ignorieren oder wegstecken. Leider erleben wir in unserer heutigen technischen Zivilisation sehr häufig Angst durch die Verunsicherung einer bisher sicheren Umwelt. Kann man die Milch noch trinken, oder ist sie verstrahlt? Kann man das Fleisch noch essen, oder enthält es Östrogen? Wohin führt die Übervölkerung, die Luftverschmutzung die Klimaänderung?

Angst bekommt man auch dann, wenn einem die Schwierigkeiten über den Kopf wachsen, wenn man sich selbst zuviel zugemutet hat oder einem zuviel zugemutet wird. Ein Mitarbeiter bekommt Angst, wenn er vor ganz neue Aufgaben gestellt wird. Ein Schüler bekommt Angst, wenn er nicht »mitkommt«. Jeder bekommt Angst, wenn er vor Schwierigkeiten steht, von denen er glaubt, sie nicht bewältigen zu können, oder die er dann auch tatsächlich nicht bewältigen kann. Die Unsicherheit bleibt bestehen, ja, sie wird immer größer, die Angst wird zur Panik.

Angsterregend ist weiterhin alles Unvorhersehbare. Jeder Mensch hat ja schon unangenehme, schlimme Erfahrungen gemacht. Solche Ereignisse können erneut eintreten. Außerdem kann sich der Mensch allerlei Vorstellungen machen oder gar »ausmalen«. Auch wenn noch keine Krankheit eingetreten ist – es kann jederzeit eine kommen; es kann jederzeit ein Unfall passieren, ein Erdbeben, ein Schicksalsschlag. Die Angst ist um so beklemmender, als man selbst keinen Einfluß auf das Unvorhersehbare hat. Deswegen werden ja seit jeher die Götter gnädig gestimmt durch Gehorsam und durch Opfer. Überhaupt wird der Angst vor dem Unvorhersehbaren oft irrational begegnet: durch Amulette, Masken, Talismane, durch Wahrsagen, Sterndeutung, Geisterbeschwörung. Rational denkende Menschen können der Angst vor dem Unvorhersehbaren nicht so total begegnen, sie können sich nur »versichern« lassen. Die Versicherung mildert wenigstens die Folgen.

Eine besonders schlimme Form von Angst erlebt der Beifahrer etwa auf dem Motorrad oder als Omnibustourist in den Schluchten des Balkans. Aber es bedarf gar keiner Extremsituation, die Angst des Beifahrers ist täglich: Mit Ausrufen wie »Fahr nicht so schnell«, »Paß doch auf«, drücken die Beifahrer ihre Ängste aus, Ängste, die den Fahrer oft genug veranlassen, noch riskanter zu fahren. Es bereitet offenbar Lust, anderen Angst zu machen, man fühlt sich überlegen und kostet den Sieg aus. Aber niemand strebt selbst nach Angst. Es gibt keine »Lust an der Angst«, wie G. Semler (1994) behauptet.

Die Tatsache, daß man bei nicht zu bewältigender Unsicherheit, also bei Gefahr, Angst verspürt, bedeutet ohne Zweifel einen fundamentalen Überlebensvorteil. Angst hat eine lebenserhaltende Funktion. Sie führt nämlich zu überlebenswichtigen Reaktionen: zu Flucht oder Überwindung.

Flucht bedeutet, daß man die gefährliche Situation vermeidet oder verläßt. Man meidet eine gefährliche Gegend, man geht einer Schwierigkeit »aus dem Weg«, man steigt aus einer zu schwierigen Felswand aus, und so weiter. Freilich gibt es auch gefährliche Situationen, denen man nicht ausweichen kann, etwa bei der Rettung eines Verunglückten, einem öffentlichen Auftritt, einer Prüfung. Hier muß man die Angst überwinden und mit Vorsicht und Umsicht versuchen, die übermäßig erscheinende Unsicherheit dennoch zu bewältigen.

Angst hat also eine lebenserhaltende Funktion. Der kesse Spruch: »Angst ist ein schlechter Ratgeber« ist in dieser Allgemeinheit falsch. Angst ist nur dann ein schlechter Ratgeber, wenn sie lähmt und dadurch lebenswichtige Reaktionen verhindert. Bezieht sich die Lähmung nur auf die Abwehr neuer Unsicherheit, ist sie durchaus gerechtfertigt.

Jetzt ist folgendes klar: Wenn Angst zu große, also gefährliche Unsicherheit anzeigt und lebensnotwendige Reaktionen auslöst, dann bedeutet die Wegnahme von Angst, daß man die gefährliche Unsicherheit nicht mehr spürt, so wie man einen Schmerz nicht mehr spürt, wenn man ihn betäubt.

Und wie bringt der Mensch es fertig, berechtigte Angst zu vermeiden?

Nun, er hat dafür einige einfache Rezepte ersonnen, beispielsweise den Glauben an Schutzengel oder andere höhere Mächte. So stellte es sich bei einer Befragung von Motorradfahrern heraus, daß ein erheblicher Teil der Fahrer an einen Schutzengel glaubt. Das ist gar nicht so verwunderlich, wenn man bedenkt, wie viele Menschen einen Talisman im Auto haben oder ein Amulett tragen. Andere gehen nur dann ein Risiko ein, eine persönliche, politische oder unternehmerische Entscheidung, »wenn die Sterne günstig stehen« oder sonst ein Orakel Gutes verheißt. Der Geisterglaube diente schon immer der Angstvermeidung. Der Mensch fühlt sich zu Recht als schwach, er ruft daher gerne höhere Mächte an, die ihm die nötige Sicherheit verleihen.

Angstvermeidung im Sinne der Auslieferung an eine nichtbewältigbare Unsicherheit ist also ein schwerwiegender Risikofaktor.

Die Möglichkeit, durch Angstvermeidung unempfindlich zu werden gegenüber unbewältigbaren Unsicherheiten, eröffnet eine erschreckende Perspektive. Ist es möglich, daß die Menschheit deswegen ihrer Vernichtung entgegengeht, weil die Verantwortlichen keine Angst haben, weil sie sich im Glauben sicher fühlen oder sich selbst überschätzen?

Das Sicherheits-Risiko-Gesetz – je größer die Sicherheit, desto größer das Risiko – bezieht sich leider auf die subjektive Sicherheit, also auf das Sicherheitsgefühl. Das bedeutet natürlich nicht, daß das Sicherheitsgefühl nicht objektiv gerechtfertigt sein kann. Wenn jemand mit guter Ausrüstung einen Berg besteigt oder ein Auto mit ABS-Bremsen fährt, dann darf er sich zu Recht relativ sicher fühlen. Ich sage deswegen »leider«, weil das Sicherheitsgefühl in vielen Fällen eben keine objektive Berechtigung hat – und dann wird es gefährlich. Nach der irrationalen Angstvermeidung durch Glauben ist die Überheblichkeit, die Arroganz, ein zweiter, gefährlicher Risikofaktor.

Die meisten Menschen fühlen sich größer, stärker, intelligenter und damit auch sicherer, als sie sind. Fast alle Menschen sind davon überzeugt, daß ihr persönliches Risiko, von Krebs, Infarkt, Lungenentzündung, Leukämie und anderen medizinischen Geißeln befallen zu werden, merklich unter dem Durchschnitt liegt. Sie sind überzeugt: »Mich trifft's nicht.« Was die eigene zu erwartende Lebensspanne angeht, peilen die meisten für sich selbst zehn Jahre über dem Durchschnitt an. Auch die Autofahrer sind keine besseren Menschen. Die meisten halten sich für überdurchschnittlich gute Fahrer, was man im Straßenverkehr ja auch immer wieder beobachten kann.

Warum neigen viele Menschen dazu, sich zu überschätzen? Die Antwort ist einfach: Wenn man sich selbst für größer hält, für intelligenter, bedeutender, fühlt man sich auch größer, intelligenter und bedeutender als viele andere. Man ragt heraus, hat einen höheren Rang. Der höhere Rang aber ist lustvoll, er bedeutet Befriedigung des Aggressionstriebes, bedeutet Sieg. Besonders gefährdet sind Erfolgsverwöhnte, denn Erfolg rechnet man sich ja gerne selbst an. Aber auch Mißerfolge schützen nicht unbedingt vor Überheblichkeit, denn an den Mißerfolgen sind bekanntlich immer die anderen schuld. Angesichts der intensiven Siegeslust ist es kein Wunder, daß der kritische Verstand mehr oder weniger korrumpiert wird. Dies gilt besonders dann, wenn er ohnehin schwach ist, beispielsweise bei Alkoholeinfluß. Der Betrunkene hält sich ja häufig für den Größten und, was beispielsweise das Autofahren anbetrifft, für den Sichersten. Damit empfindet er aber die objektiven Risiken, die er eingeht, subjektiv nicht mehr als solche – das Scheitern ist programmiert.

Damit ist klar: Überheblichkeit, also Selbstüberschätzung, bedeutet insbesondere ein unangemessenes, nämlich zu hohes Sicherheitsgefühl; dieses führt dann nach dem Sicherheits-Risiko-Gesetz zu einem erhöhten objektiven Risiko. Wer sich für einen hervorragenden Motorradfahrer hält, fährt objektiv riskanter, wer sich für besonders »fit« hält, riskiert einen Marathonlauf, wer sich für einen besonders schlauen Fuchs hält, riskiert »eine Lippe«, wer sich für unwiderstehlich hält, riskiert jeden Flirt.

Überheblichkeit führt zu objektivem Risiko, ja oft genug zu Katastrophen. Beispiele gibt es leider zahlreiche. Ein bekanntes ist die Todesfahrt der Titanic. Die Verantwortlichen waren so sehr von der absoluten Sicherheit des Schiffes überzeugt, daß sie es für unnötig hielten, ausreichend viele Rettungsboote mitzunehmen oder sonstige Sicherheitsvorkehrungen zu treffen.

Worauf sind die (schon fast täglichen) Karambolagen auf der Autobahn zurückzuführen? Warum rasen die Fahrer bei Nässe oder Nebel »wie die Verrückten«? Entweder überschätzen sie ihre Fähigkeiten – Wahrnehmung, Reaktionsgeschwindigkeit, Wagenbeherrschung – oder sie unterschätzen die objektiven Risiken oder beides.

Auch der Einstieg in die Drogenszene geschieht oftmals aus Überheblichkeit. Man hält sich selbst für stark genug, mit der Droge jederzeit wieder aufhören zu können, man ist sich seiner Sache sicher.

Die extremste Form der Überheblichkeit ist jedoch die Einbildung, man sei die Krone der Schöpfung oder ein ganz besonderer Teil des göttlichen Universums. Eine solche Überschätzung steigert das Sicherheitsgefühl ins Grenzenlose.

Ignoranz

Wenn man in einem Sachverhalt, einer Aufgabe, einer Tätigkeit, subjektiv gar kein Risiko erkennt, ist das Sicherheitsgefühl naturgemäß uneingeschränkt. Man hat ja keinen Anlaß, seine Aufmerksamkeit auf den Sachverhalt zu richten. Das führt dazu, daß objektiv riskante Sachverhalte bestehen bleiben oder »ihren Lauf nehmen«.

Wenn man gar nicht erkennt, daß die steigenden Ansprüche der Wohlstandsgesellschaft, also das eigene unverantwortliche Verhalten, Umwelt zerstört, besteht auch keine Veranlassung, diesen bedrohlichen Sachverhalt zu ändern. Wenn man eine Krankheit nicht erkennt oder »nicht ernst nimmt«, besteht kein Anlaß, zum Arzt zu gehen. Wenn man mit einem Gegner Schach spielt, von dem man glaubt, er sei einem haushoch unterlegen, besteht keine Veranlassung, dem Spiel Aufmerksamkeit zu widmen. Sehr eindrucksvoll ist das Leichtnehmen einer Aufgabe in dem Film »Lohn der Angst« festgehalten: Nach konzentrierter Bewältigung einer schwierigen Aufgabe wird der Held leichtsinnig, er verunglückt bei der völlig ungefährlichen Heimfahrt.

Ignoranz tritt in mehreren Formen auf: Sie kann einmal auf leichtfertiger Unkenntnis beruhen. Dazu gehört der lange Zeit sorglose Umgang mit der Umwelt. Man kannte die Zusammenhänge ganz einfach nicht. Unkenntnis kann aber auch auf der Schwierigkeit eines Erkenntnisvorganges beruhen: So können sich viele Menschen den Verlauf der Wachstumsfunktion nicht vorstellen. Auch dadurch werden Gefahren der Umweltzerstörung nicht erkannt.

Eine zweite Form ist die Unterschätzung: Man unterschätzt den Bremsweg, die Folgen eines Wettersturzes, die Anstrengung einer Reise oder auch einen Gegner. Die Unterschätzung von Schwierigkeiten und Gefahren ist weit verbreitet. Leider greift auch hier das Beispiel der Umweltschädigung: Einige Zusammenhänge hat man ja in der Zwischenzeit erkannt, die Auswirkungen werden jedoch fast regelmäßig unterschätzt.

Ignoranz kann aber auch als »Vogel-Strauß-Verhalten« auftreten: Man will die Probleme und Schwierigkeiten gar nicht sehen. Besonders bei Anfängern findet man häufig Unterschätzung durch Ignoranz. Sie kennen die Gefahren noch nicht, aber sie wollen sie oft auch gar nicht kennen und schlagen Warnungen der Erfahrenen in den Wind.

Freilich – wissentliche Ignoranz gibt es nicht nur bei Anfängern. Sie ist so weit verbreitet, daß man geradezu den Eindruck gewinnt, daß vielen Menschen Ignoranz dazu dient, sich ihre Sicherheit nicht nehmen zu lassen – ist diese doch Voraussetzung für die ungehemmte Befriedigung der »Bedürfnisse«.

Besonders gefährlich ist Ignoranz dann, wenn sie auf Dummheit beruht. Bei dieser handelt es sich ja nicht nur um einen Mangel an Erkenntnis – dieser könnte ja eventuell noch behoben werden –, sondern um fehlerhaftes Denken, um Unlogik, Uneinsichtigkeit. Wie Dummheit zu (subjektiver) Sicherheit führt, und damit zu objektivem Risiko – in diesem Fall zu einem weltweiten – möchte ich an folgendem Beispiel zeigen:

Kurz nach dem Unfall von Tschernobyl erschien in einer Tageszeitung eine Zeichnung mit folgendem Inhalt: Ein Auto war auf einen Baum gerast und stark beschädigt. Ein anderes Auto stand daneben, der Fahrer betrachtete den Schaden. Außerdem war noch ein Verkehrspolizist im Bild, er notierte den Schaden, zeigte auf das Unfallauto und sagte (in einer Sprechblase): Dieses Auto hatte keine Bremsen. Im Text wurde dann kommentiert, daß es doch genauso unsinnig wäre, eines Reaktorunfalls wegen auf Atomkraftwerke zu verzichten, wie eines selbstverschuldeten (!) Autounfalles wegen auf das Autofahren schlechthin. Hier handelt es sich um einen Fall katastrophaler Ignoranz. Wenn man schon einen Reaktorunfall mit einem Autounfall vergleicht, so hätten die beiden Personen nicht mehr in aller Ruhe neben dem Unfallauto stehen können. Es wäre kein Verkehrspolizist mehr da, der solchen Unsinn reden könnte, und auch kein anderer Fahrer. Hier liegt doch die offenbar schwer zu begreifende Totalität des atomaren Risikos: Wir sind tödlich bedroht durch einen Unfall, den andere verursachen, mit dem wir überhaupt nichts zu tun haben, wofür wir überhaupt keine Verantwortung tragen. Wir sterben unter Umständen eines qualvollen Todes nur deswegen, weil sich in China oder sonstwo ein Reaktorunfall ereignet.

Dummheit ist gefährlich. Was kann man dagegen tun, wenn die heutige globale und totale Umweltzerstörung damit abgetan wird, daß es schon immer Umweltschädigungen gab? Was kann man dagegen sagen, wenn jemand das globale und totale

Risiko der Atomtechnik damit abtut, daß keine Technik ohne Risiko zu haben sei? Was soll man dazu sagen, wenn ein Journalist (Wiedemann, 1988) die Gefahren der Atomtechnik herunterspielt und gleichzeitig zugibt, das Tschernobyl nur durch einen glücklichen Zufall nicht noch katastrophalere Folgen hatte?

Langeweile

Der Sicherheitstrieb läßt sofort erkennen, was Langeweile ist und wohin Langeweile führt. Langeweile ist der dauerhafte Zustand von Sicherheit, oder, anders ausgedrückt: das dauerhafte Fehlen von Unsicherheit. Die Triebstärke wächst an, es kommt zum Appetenzverhalten. Wenn aber bei wachsender Triebstärke keine auslösenden Reize verfügbar sind, werden sie besonders intensiv aufgesucht. Das Appetenzverhalten wird, wie Lorenz sagt, »zum urgewaltigen Streben«. Langeweile erhöht die Risikobereitschaft!

Nun sind freilich nicht alle Neugierreize mit Risiko behaftet. Skatspielen, Rätsellösen, Problemlösen, Basteln, Sammeln, Computerspiele geben hinreichend Gelegenheit, Unsicherheit lustvoll, aber ohne Risiko abzubauen. Aber bei hoher Appetenz ist eben jeder Reiz recht, auch – und gerade – eine risikoreiche Unsicherheit. Ist man beispielsweise gezwungen, längere Zeit hinter einem Lastwagen herzufahren, neigt man zunehmend dazu, waghalsig zu überholen. Einsichtige Fahrer versuchen in einer solchen Situation auf andere Weise, beispielsweise durch Musik, Unterhaltung oder Nachdenken sich das nötige Quantum an Information, also Unsicherheit, zu beschaffen.

Besonders riskant ist das Aufsuchen von »Spielhöllen«. Die Flow-Erlebnisse am Spielautomaten können nämlich, weil sie leicht und ohne Anstrengung zu haben sind, sehr rasch zur Sucht führen: Man wird, wenn der Sicherheitstrieb befriedigt werden muß, von dieser bequemen Methode des Lustgewinns abhängig. Beim Glücksspiel, bei dem noch aggressive Triebbefriedigung winkt, kann es bekanntlich zu katastrophalen Konsequenzen kommen.

Ein äußerst riskanter Reiz, zu dem die Langeweile führen kann, ist die Droge. Dabei ist nicht nur der Einstieg in die Drogenszene selbst »reizvoll«, das erstmalige Probieren, insbesondere unter den bewundernden Blicken anderer, sondern auch die Droge selbst. Es gibt ja Drogen, die zur Bewußtseinserweiterung führen, zur geistigen Exploration ins Uferlose.

Gewiß, in unserer modernen Informations- und Freizeitgesellschaft gibt es zahlreiche Neuigkeiten. Wir werden ständig mit Neuem zugedeckt, es wird ständig mit Neuem geworben. Das ist durchaus konsequent: Die Grundstimmung in unserer modernen Gesellschaft ist aufgrund eintöniger Arbeit, »geordneter« Verhältnisse, geregelter Tagesabläufe, routinemäßigem Leben weithin durch Langeweile gekennzeichnet. Also achten die Menschen auf Neues, sie zeigen eine Appetenz nach Neuem. Aber man darf sich von der Reizflut nicht täuschen lassen. Die Situation ist keineswegs »befriedigend«. Häufig werden nämlich nur Reize angeboten und nicht zugleich auch Möglichkeiten, Unsicherheit durch eigene Aktivität abzubauen. Die angebotenen Reize führen dann zu keinem Flow-Erlebnis. Wenn aber keine Triebbefriedigung stattfindet, die Langeweile also, wie es richtig heißt, nur »vertrieben« wird, kommt es erst recht zum Triebstau, zu noch mehr Langeweile, zu erhöhter Appetenz usw.

Hat das Appetenzverhalten der Langeweile längere Zeit keinen Erfolg, kommt zur erhöhten Risikobereitschaft noch eine erhöhte Aggressionbereitschaft hinzu. Der Gelangweilte ist ja frustriert, er kann seinen Sicherheitstrieb nicht befriedigen. Es kommt zu »aggressiver Langeweile« (v. Cube/Alshuth 1995). Die Aggression kann sich in einer gereizten Stimmung zeigen, sie kann zu zielloser Gewalt führen, sie kann sich aber auch auf den Verursacher der Langeweile richten, auf einen langweiligen Redner, einen langweiligen Partner, auf Politiker oder den Fernseher.

Aus den angeführten Überlegungen ergibt sich eine wichtige Konsequenz: Der Sicherheitstrieb sollte nach Möglichkeit schon in der Arbeitswelt befriedigt werden. Flow-Erlebnisse in der Arbeitswelt führen nämlich nicht nur zur lustvollen Befriedigung des Sicherheitstriebes, sie erfüllen auch die evolutionäre Bedingung der Anstrengung. Die Anstrengung vermindert dabei keineswegs die Lust des Sicherheitsgewinnes – im Gegenteil: Die

Untersuchungen über das Flow-Erlebnis zeigen, daß die Lust des Unsicherheitsabbaues durch eigene Anstrengung noch intensiver erlebt wird.

Auch im Freizeitbereich sollten solche Angebote Vorrang haben, die zu einer echten Befriedigung des Sicherheitstriebes führen. Leider hat die Freizeitindustrie die Erkenntnisse der Verhaltensbiologie noch nicht zur Kenntnis genommen. Die meisten Angebote sind nämlich nur reizvoll, bieten aber keine Befriedigungsmöglichkeit und verlangen erst recht keinen Energieeinsatz. Es wird viel Amüsement angeboten, aber dies führt eben nicht zur Triebbefriedigung, sondern schaukelt Langeweile erst recht auf.

Vergleicht man die Risikobereitschaft durch Langeweile mit dem Risiko, das durch Angstvermeidung zustandekommt, durch Überheblichkeit oder Ignoranz, so erscheint die Langeweile auf den ersten Blick weniger gefährlich: Während bei der Angstvermeidung Unsicherheit bestehen bleibt, ebenso auch bei Überheblichkeit und Ignoranz, wird aus der Langeweile heraus zunächst nur neue Unsicherheit gesucht. Aber auch die Risikobereitschaft durch Langeweile kann sich zur echten Gefahr auswachsen. So kann eine langweilige Arbeit dazu verführen, den »Kitzel« neben dem Arbeitsplatz zu suchen, beispielsweise vom Gabelstapler zu springen oder auf einen fahrenden Zug. Langeweile kann zu abenteuerlichen Reisen verführen, zu Drogenkonsum, Spekulationen, Gewalt.

Lust

Gibt es eine Lust am Risiko? Auf Anhieb scheint man diese Frage mit ja beantworten zu müssen. Wenn man Extremkletterer beobachtet, Drachenflieger oder häufig auch Motorradfahrer, so kann man den Eindruck gewinnen, daß das Risiko aufgesucht wird – und aufgesucht wird ja nur etwas, was Lust bereitet. Tatsächlich aber ist dieser Schluß voreilig. Dies ergibt sich nicht nur aus Befragungen von Bergsteigern, Risikosportlern oder Motorradfahrern, dies ergibt sich auch aus den Erkenntnissen der Verhaltensbiologie. Evolutionär ist es ja nur sinnvoll, so viel Unsicherheit in Angriff zu nehmen, wie aller Voraussicht nach bewältigt werden kann. Geregelt wird dieses Quantum durch das Angstgefühl. Wird die Unsicherheit zu groß, stellt sich Angst ein und man weicht vor der Aufgabe zurück. Lustvoll ist also eine Unsicherheit, die bewältigt, das heißt in Sicherheit verwandelt werden kann.

Normalerweise gibt es demnach keine Lust am Risiko in dem Sinne, daß das Risiko seiner selbst Willen aufgesucht wird, wenn es also größer ist, als es dem Sicherheitsrisikogesetz entspricht. Dies schließt jedoch nicht aus, daß – ähnlich wie bei einem Feinschmecker – eine absichtliche Erhöhung des Risikos auch zu höherer Lust führen kann. So wie es beim Nahrungstrieb den Gourmet gibt, der seine Lust aus besonders hohen Nahrungsreizen bezieht, so gibt es auch den »Risiko-Gourmet«, der besonders hohe Lust durch besonders hohe Reize erlebt. Das Phänomen ist im übrigen jedem bekannt: Jeder weiß, daß die Lösung eines schwierigen Problemes zu einem besonders hohen Lusterlebnis führt, daß das Überstehen eines gefährlichen Abenteuers als besonders aufregend und lustvoll erlebt wird. Der Risiko-Gourmet ist nun derjenige, der solche besonders hohen Risiken nicht nur abwartet, sondern auch aufsucht. Tatsächlich »findet« man unter den Extremsportlern oder den Motorradfahrern auch solche, die aus einem erhöhten Risiko auch eine erhöhte Lust beziehen.

Möglicherweise gehören das russische Roulette und ähnliche Verhaltensweisen – zum Beispiel der »Sport« in Japan, Fische zu essen, deren tödliches Gift nur bei einer bestimmten Zubereitungsart nicht wirksam wird – zu dieser Art extremen Lustgewinns: Wenn man das Leben aufs Spiel setzt, muß der erlebte Gewinn an Sicherheit dann auch extrem hoch sein.

Auch der neue »Sport«, sich an einem Gummiseil von einer Brücke zu stürzen, um dann im letzten Moment aufgefangen zu werden, verschafft offenbar ein enormes Lustgefühl. So berichteten einige »Brückenspringer« von einem orgastischen Gefühl, das den sexuellen Orgasmus weit übertreffe.

Sucht man das Risiko der Lust wegen auf, muß man es also erhöhen. Dabei handelt es sich um einen bewußten Akt, man weiß was man tut, man geht das Risiko bewußt ein. Das mindert nicht die Gefahr: Erhöhtes Risiko bedeutet erhöhte Unsicherheit und wird zur objektiven Gefahr.

Die Lust, die durch höhere Reize erlebt werden kann, bezieht sich auf alle Triebe. So kommt es zu dem typisch menschlichen Verhalten, daß der Lust, zum Beispiel sexueller Lust, wegen ein erhöhtes Risiko in Kauf genommen wird. In einem solchen Falle ist also nicht das Risiko selbst die Lustquelle, es wird vielmehr durchaus als gefährlich und eigentlich unzulässig erkannt, andererseits aber als Weg zur Lustbefriedigung akzeptiert. Solche Fälle ereignen sich täglich. Wenn man beispielsweise einen Menschen veranlassen will, von einer hohen Mauer zu springen, was er normalerweise nicht täte, kann man dies durch eine entsprechende Belohnung erreichen. Je größer der Betrag, um so größer das Risiko, das der Betreffende eingeht. Zahlreiche Beispiele finden sich im Bereich der Sexualität. Hier werden Krankheiten in Kauf genommen, ja sogar der Tod. Viele Menschen wollen die sexuelle Lust »mit vollem Risiko« erleben, sie verzichten auf Kondome oder andere Schutzmaßnahmen. Daran erkennt man im übrigen, welch gewaltige Kraft im Triebgeschehen herrscht.

Häufig nimmt man auch Risiken in Kauf, um im Bereich der Aggression höhere Lust zu erleben. Die aggressive Triebbefriedigung besteht im Sieg über den Rivalen, insbesondere in der Anerkennung in einer Gemeinschaft. Um diese Anerkennung zu erreichen, werden unter Umständen hohe Risiken in Kauf genommen. Man denke beispielsweise an Spitzensportler, die auf den ersten Rangplatz wollen. Sie nehmen Verletzungen in Kauf und andere Risiken, um den Sieg zu erlangen. Andere, die beruflich aufsteigen wollen, nehmen das Risiko in Kauf, ihre Familie zu vernachlässigen, persönliche Bindungen zu verlieren etc. Oder nehmen wir die Politiker: Um nach oben zu kommen, um Macht auszuüben, ist fast jedes Risiko recht.

Zur Lust am Sieg gehört auch die Vermeidung von Niederlagen. So nimmt man, um eine Blamage zu vermeiden, oft auch erhöhte Risiken in Kauf. Man will sich nichts vergeben, man will nicht als Feigling dastehen, als Zauderer oder dergleichen. Dies spielt insbesondere bei Kindern und Jugendlichen eine große Rolle: In der sogenannten Mutprobe werden oft enorme Risiken in Kauf genommen, nicht der Risiken wegen, sondern der Anerkennung durch die Gruppe wegen. Dieses Thema ist in zahlreichen literarischen und wissenschaftlichen Abhandlungen zu finden.

Besonders gefährlich wird der Risikofaktor Lust dann, wenn man das Risiko, das der Lust wegen in Kauf genommen wird, den Tätigkeitsdrang aber doch in Grenzen hält, subjektiv aufhebt. Das größte objektive Risiko entsteht zweifellos dann, wenn die Lust antreibt, ohne von der Angst gebremst zu werden: Der größte Risikofaktor ist Lust ohne Angst.

Wir haben ausführlich dargelegt (v. Cube/Alshuth 1995), daß der Mensch schon immer nach Lust ohne Anstrengung gestrebt hat. Wir stellen hier zusätzlich fest: Der Mensch strebt außerdem nach Lust ohne Angst.

Dies ist, wie Verwöhnung auch, durchaus verständlich. Die Realisierung des Luststrebens wird ja durch das Risikobewußtsein zurückgehalten, also ist es nur logisch, diesen Störfaktor auszuschalten. Die beste Strategie hierfür ist die Angstvermeidung durch Glaube – sei es der Glaube an einen Schutzengel, sei es der an Sicherheit von Wissenschaft und Technik. Die Umweltzerstörung und andere Risiken unserer heutigen »Risikogesellschaft« verdanken wir einerseits dem unersättlichen Luststreben in allen Triebbereichen, andererseits dem beruhigenden Gefühl der Sicherheit, das wir durch Angstvermeidung und Überheblichkeit gewonnen haben.

Drei Regeln zur Unfallvermeidung

Die fünf Risikofaktoren legen die Frage nahe, wie man Unfälle vermeiden kann – selbstverständlich nur solche, die durch eigenes Verschulden zustande kommen. Wenn ein betrunkener Autofahrer einem frontal ins Auto fährt, wenn es in einem Chemiewerk zu einer Explosion kommt, wenn man unter Beachtung aller Vorsichtsmaßnahmen unter einer Lawine begraben wird, dann hat man eben Pech gehabt. Man erleidet, wie die Umgangssprache richtig sagt, einen »Schicksalsschlag«. Der Schlag kommt von außen, ohne jedes eigene Zutun, ohne jede Schuld.

Weitere unverschuldete Unfälle können dadurch zustande kommen, daß man in eine gefährliche Situation hineinge-zwungen wird. Beispiele hierfür ereignen sich täglich auf der Autobahn: Langsamere Fahrer werden gnadenlos bedrängt, gejagt, gehetzt. Sie geraten in Panik, ein »Unglück« passiert. Zu ähnlichen Situationen kann es auch durch ganz andere Zwän-ge kommen: Ein Autofahrer, der in einer bestimmten Zeit ein bestimmtes Ziel erreichen muß, schläft am Steuer ein; eine Hausfrau, die sich den Handwerker nicht leisten kann, repa-riert ein Elektrogerät selbst, und so weiter. In diesen Fällen ist die Schuldfrage zumindest problematisch. Jedenfalls ist es nicht so, daß sich die Betreffenden »mutwillig« in Gefahr bege-ben, wie etwa jugendliche Autofahrer, die sich ein Rennen auf der Straße liefern.

Im folgenden betrachte ich nur solche Unfälle, die durch eige-nes Verschulden zustande kommen, also dadurch, daß man selbst zu schnell fährt, eine Lawinenwarnung in den Wind schlägt, oder auf eine wackelige Leiter steigt. Natürlich sind Unfälle, die auf ein solches Verhalten zurückgehen, nicht selbst beabsichtigt, sie entstehen vielmehr dadurch, daß sich der Betreffende aus einem trügerischen (!) Sicherheitsgefühl heraus in eine objektiv unsichere Situation begibt. Regeln zur Vermeidung eines derar-tigen Fehlverhaltens müssen sich also auf die Erkenntnis dieses gefährlichen Sicherheitsgefühles richten.

Die Erkenntnisse der Verhaltensbiologie, insbesondere über die fünf Risikofaktoren, geben Anlaß zu folgenden drei Regeln zur Vermeidung (selbstverschuldeter) Unfälle: Erkenntnis objek-tiver Gefahren, Reflexion auf das eigene Risikoverhalten, Aufsu-chen alternativer Handlungsstrategien.

Erkenntnis objektiver Gefahren
Es ist nur logisch, daß man Gefahren, die es zu vermeiden gilt, erst einmal kennen muß. Ein Raucher, der die Schädlichkeit des Rauchens nicht kennt, hat keinen Anlaß, sein Verhalten zu ändern; ein Autofahrer, der nichts vom Bremsweg weiß, gefähr-det sich und andere, eine Hausfrau, die die Gefahren des elek-trischen Stroms nicht kennt, begibt sich unwissend in Gefahr. Nun weisen Psychologen und Unfallforscher immer wieder dar-

auf hin, daß die Kenntnisse objektiver Gefahren offenbar nicht ausreichen, Risikoverhalten und Unfälle zu verhindern. Das ist zwar richtig – viele Raucher hören auch dann nicht auf, wenn sie die Folgen des Rauchens kennen, viele Autofahrer fahren auch dann zu dicht auf, wenn sie den Bremsweg kennen –, bedarf aber doch einer weiteren Überlegung: Ich spreche in dieser ersten Regel mit Absicht nicht von »Kenntnis« objektiver Gefahren, sondern von »Erkenntnis«. Der Unterschied zwischen Kenntnis und Erkenntnis liegt darin, daß es sich bei Kenntnissen um Fakten handelt, um einzelne Daten oder Ereignisse. Eine Erkenntnis hingegen bezieht sich immer auf einen Zusammenhang. So kann man die Tatsache, daß Rauchen schädlich ist, »zur Kenntnis nehmen«, man kann aber auch die Zusammenhänge erkennen, die Ursachen und Folgen der Schädigung. Dasselbe gilt selbstverständlich für technische Bereiche. Es ist mit großer Wahrscheinlichkeit anzunehmen, daß Erkenntnisse über objektive Gefahren sich eher auf das Handeln auswirken, als »bloße Kenntnisse«. Dies gilt ja in besonderem Maße für die Umwelterziehung.

Dennoch: Auch Erkenntnisse über objektive Gefahren garantieren noch kein angemessenes Handeln. Viele Menschen setzen sich über die Erkenntnisse hinweg, sie glauben, daß es sie selbst nicht trifft, sie halten sich für fähig, auch bei hoher Geschwindigkeit rechtzeitig bremsen zu können. Bei der ersten Regel handelt es sich also (leider) nur um eine notwendige, nicht aber um eine hinreichende Bedingung.

Reflexion auf eigenes Verhalten
Die zweite Regel zur Unfallvermeidung besteht in der Reflexion auf das eigene Risikoverhalten, auf dessen Ursachen und Folgen. Betrachten wir zunächst einige Beispiele! Ein sehr häufiges unfallträchtiges Verhalten beruht auf Angabe, auf Imponierverhalten, insbesondere gegenüber dem anderen Geschlecht. Wird ein solches, an sich durchaus natürliches und verständliches Verhalten durch riskantes Autofahren realisiert, besteht höchste Gefahr. Wir sind ja in unserem »Balzverhalten« nicht auf technische Mittel programmiert. Nehmen wir solche in Anspruch, bedarf es der Reflexion.

Aber auch ohne Angabe macht schnelles Fahren Spaß. Wir sprachen schon mehrfach vom Flow-Erlebnis der Motorradfahrer. Nun ist das Flow-Geschehen als solches (noch) nicht gefährlich – man richtet seine Aufmerksamkeit auf die Tätigkeit und bewältigt Unsicherheit –, es können jedoch sehr leicht unvorhergesehene Ereignisse hinzukommen. Dann hat man, bei ausgeschöpftem Flow, keinen Spielraum mehr; die neuen Unsicherheiten bedeuten Gefahr. Eine Reflexion auf das eigene Flow-Erlebnis kann hier eine Sicherheitszone schaffen.

Ein anderes Beispiel bezieht sich auf die Langeweile. Eine Reflexion auf diesen Zustand ruft die Gefahr ins Bewußtsein: Appetenzverhalten und Abzug der Aufmerksamkeit. Ist man beispielsweise gezwungen, in einer Autoschlange langsam zu fahren, richtet man seine Aufmerksamkeit leicht auf andere Dinge. Zahlreiche Auffahrunfälle gehen darauf zurück.

Die Beispiele von riskantem Autofahren oder Sexualverhalten zeigen im übrigen, daß sich die Reflexion auf die Folgen solchen Verhaltens auch auf unsere Mitmenschen beziehen muß. Ja, hier liegt eine besonders wichtige Aufgabe der Reflexion auf das eigene Risikoverhalten: die Verantwortung für andere und für die Gemeinschaft.

Allgemein gilt, daß wir durch unser Luststreben uns selbst und andere leicht in Gefahr bringen. Es ist daher nur logisch, daß wir dieses für den Menschen typische Verhalten durch die ebenfalls typische Fähigkeit der Reflexion kontrollieren. Die fünf Risikofaktoren – Angstvermeidung, Überheblichkeit, Ignoranz, Langeweile, Lust – bilden eine Art Checkliste, an der wir unser intendiertes oder begonnenes Risikoverhalten überprüfen können.

Alternative Handlungsstrategien
Die dritte Regel besteht im Aufsuchen alternativer Handlungsstrategien. Hat beispielsweise jemand erkannt, daß er dabei ist, sich selbst und andere durch angeberisches Fahren in Gefahr zu bringen, kann er sich auch schon alternative Strategien ausdenken. Es gibt ja viele Möglichkeiten, ohne (übermäßige) Gefahr einem Partner zu imponieren, Flow zu erleben oder Sex. Besonders wichtig sind alternative Strategien in der Arbeitswelt: Eine

langweilige Arbeit verleitet dazu, den »Kitzel« sozusagen neben dem Arbeitsplatz zu suchen. Wenn man das weiß, kann man auch andere Strategien aufsuchen: Abenteuer in der Freizeit, Neuorganisation der Arbeit etc. Die Verhaltensbiologie macht dabei eines klar: Es kann nicht darum gehen, auf Lust zu verzichten, es kann nur darum gehen, das Luststreben des Menschen ohne Gefahr für sich selbst oder andere zu verwirklichen.

Flow im Alltag –
zwischen Angst und Langeweile

Arbeitswelt

Der verängstigte Mitarbeiter

Angst kommt auf, wenn man eine Unsicherheit nicht bewältigen kann – sei es, daß sie gar nicht bewältigbar ist, wie etwa bei
Naturkatastrophen, sei es, daß die eigenen Fähigkeiten zur
Bewältigung nicht ausreichen. Ist aber jemand mit einer solchen Unsicherheit belastet, kann er eines sicher nicht: Er kann
sich nicht noch mehr Unsicherheit aufladen, er kann nicht
explorieren, er kann keine neuen Aufgaben in Angriff nehmen.
Ein ängstlicher Mitarbeiter ist ständig unbefriedigt und dauernd mit seinen eigenen Problemen beschäftigt. Gewiß, er ver-
richtet seine Arbeit oft im wörtlichen Sinne »sorgfältig«, er ist
auch meist zuverlässig und gewissenhaft, aber er scheut »notge-
drungen« alles Neue, alles Ungewohnte, alles Unbekannte.
Selbstverständlich ist er erst recht nicht in der Lage, Neues zu
schaffen.

Gerade in der modernen Arbeitswelt ist aber der kreative
Mitarbeiter gefragt, der Probleme angeht, neue Konzeptionen
entwirft und riskiert. Tatsächlich kann nur ein solcher Mitarbeiter die Lust des Sicherheitstriebes erleben, Leistung erbringen und Anerkennung erringen. Der ängstliche Mitarbeiter
hat keine Chance, Leistung zu erbringen und damit Anerkennung zu bekommen. Das bedeutet wiederum, daß er seinen
Aggressionstrieb nicht in Form von Leistung einsetzen kann.
Der verängstigte Mitarbeiter ist daher oft mürrisch, ungehal-
ten, aggressiv.

71

Wie aber kommt es zur Angst des Mitarbeiters? Um diese Frage zu beantworten, brauchen wir nur die drei Angstfaktoren in der Arbeitswelt aufzuspüren.

Die erste Ursache für Angst besteht in der Verunsicherung. Wird ein bisher als sicher angesehener Arbeitsplatz in Frage gestellt, kommt Angst auf. Der Mitarbeiter geht kein Risiko mehr ein, er ist, durchaus wörtlich, mit Unsicherheit »belastet«. Der sichere Arbeitsplatz erweist sich verhaltensbiologisch als Notwendigkeit; er sollte nicht ohne Not aufs Spiel gesetzt werden. Das Prinzip des »hire and fire« ist falsch. Explorative Energie wird so jedenfalls nicht freigesetzt.

Angst kommt auch dann auf, wenn die zu erledigenden Aufgaben für den Mitarbeiter zu schwierig sind, also mit zu viel Unsicherheit behaftet. Das kann beispielsweise dann eintreten, wenn der Mitarbeiter einen neuen Aufgabenbereich erhält, wenn neue Methoden, Verfahren oder Maschinen eingeführt werden. Das sogenannte »Peterprinzip«, der Aufstieg bis zur Inkompetenz, kann dabei in abgewandelter Form auftreten: Die Änderung des Aufgabenbereichs kann ebenfalls zu Inkompetenz führen, nämlich zum Auseinanderklaffen von Qualifikation und Anforderung.

Neue Aufgaben können aber nicht nur deswegen Angst bereiten, weil sie zu schwierig sind, sondern weil es zu viele sind. Viel »Kleinkram« führt ebenfalls zur Verwirrung, insbesondere dann, wenn alles noch möglichst rasch erledigt werden soll.

Eine weitere Angstquelle kommt dadurch zustande, daß sich jederzeit etwas Unvorhergesehenes ereignen kann. Jederzeit kann der Chef auftauchen, jederzeit kann seine Laune wechseln; ständig sind Kontrollen zu »befürchten«, ständig werden Kollegen ausgewechselt, Termine geändert, und so weiter. Ist ein Mitarbeiter laufend solchen Unsicherheiten ausgesetzt, kann er keine neuen auf sich nehmen. Seine explorative Energie wird blockiert. Im übrigen kann ein Mitarbeiter auch die Angst des Beifahrers erleben, nämlich dann, wenn er mit anderen zusammengespannt wird, die schneller sind oder kompetenter. Er kann nicht »mithalten«, und wird unsicher.

Natürlich will kein Mitarbeiter auf Dauer mit Angst leben, er sucht daher nach Strategien der Angstvermeidung. Da hilft es vielleicht schon, die Schuld an der Misere höheren Mächten zuzuschieben: Man ist eben ein Verlierer, ein Pechvogel, ein Versager. So erhält man wenigstens Mitleid. Eine rationale Strategie besteht im Rückzug auf eine einfachere, aber sichere Position. So kann man sogar noch Anerkennung erhalten. Eine besonders schlimme Strategie der Angstvermeidung besteht im Alkoholgenuß. Ängstliche Mitarbeiter sind besonders gefährdet, auf diese Weise ihr Unsicherheitsgefühl zu »bewältigen«.

Führungskräfte müssen dafür sorgen, daß sich ihre Mitarbeiter sicher fühlen. Nur so sind sie zur Lösung neuer Probleme bereit und fähig, nur so können sie sich engagieren. Er erreicht dieses Ziel über den sicheren Arbeitsplatz, die Einbindung in die Unternehmensphilosophie, eine zuverlässige und reibungslose Organisation und, in erster Linie, durch einen qualifikationsgemäßen Aufgabenbereich. Fühlt sich der Mitarbeiter sicher, strebt er aufgrund des Sicherheitstriebes ganz von selbst nach neuen Aufgaben und Problemen. Freilich muß er solche auch vorfinden. Werden ihm Neugierreize vorenthalten, sucht er sie zwangsläufig in der Freizeit. Dort findet man die Mitarbeiter als Drachenflieger, als Extremkletterer oder »Brückenspringer«.

Der gelangweilte Mitarbeiter

Langeweile kommt dann zustande, wenn man sich in Sicherheit befindet, vor allem über längere Zeit hinweg, und keine Neugierreize vorhanden sind. Beides muß zusammenkommen: Sicherheit allein bedeutet keine Langeweile, wenn man aus der Sicherheit heraus Neues in Angriff nimmt, fehlende Neugierreize allein bedeuten keine Langeweile, wenn man (noch) Unsicherheit abzubauen hat. Damit ist klar, wie Langeweile am Arbeitsplatz entsteht:

Ein völliger Abbau jeder Unsicherheit entsteht durch Routine, durch dauerhafte Unterforderung. Routine heißt ja, daß man durch ständige Wiederholung eine Tätigkeit »sicher« beherrscht. Sie enthält dann für den Betreffenden keine Unsicherheit mehr. Routine bedeutet nicht unbedingt, daß man Zeit übrig hat. Eine routinemäßige Tätigkeit kann den Mitarbeiter zeitlich sehr wohl

auslasten. Aber gerade dadurch droht Langeweile. Wenn nämlich die Arbeitszeit mit Routine ausgefüllt ist, bleibt keine Zeit
für Neues – höchstens in der Phantasie. Ein Unternehmer
erzählte mir vor kurzem, daß »seine Frauen« sich am Fließband
durchaus wohlfühlten; sie könnten – nach eigener Aussage – so
schön »an andere Dinge denken«. Die Mitarbeiterinnen entgehen der Langeweile also durch Phantasiereize. Es fragt sich nur,
ob ein solcher Einsatz von Mitarbeitern für das Unternehmen
und für diese selbst besonders sinnvoll ist.

Bei ständiger Unterforderung nützen auch Freiräume nicht
unbedingt etwas gegen Langeweile. Langeweile heißt ja Appetenz nach Neuem. Der Mitarbeiter muß daher stets neue Aufgaben bekommen oder die Möglichkeit erhalten, sich selbst neue
Aufgaben zu stellen.

Betrachten wir einmal den Beruf des Lehrers. Jeder Lehrer
erreicht im Laufe der Jahre eine gewisse Routine. Andererseits
hat er aber hinsichtlich der Zielsetzung, der Methodik und des
pädagogischen Umgangs mit den Schülern so viel Freiräume,
daß es ihm nicht langweilig zu werden braucht. Freilich: Seine
Initiativen und Innovationen dürfen ihm nicht zum Nachteil
gereichen. Wenn er seinen Neugiertrieb im Rahmen seiner
pädagogischen Tätigkeit nicht befriedigen darf, so ist es durchaus verständlich, daß er dies außerhalb seiner Arbeitszeit tut.

Vor mir liegt ein Artikel mit der Überschrift »Wer macht die
Arbeit?« (Spiegel 12/1990). Es wird über einen Lehrer berichtet,
der morgens mit den Schülern »büffelt«, danach aber Politik
macht »bis spät in den Abend«. Tatsächlich sind Lehrer in allen
Parlamenten überrepräsentiert. Im Bundestag stellen sie einen
Anteil von 16 Prozent. Überhaupt sind Beamte in den Parlamenten sehr stark vertreten, teilweise bis an die 50 Prozent. Sie
sammeln auch auffällig viele Pöstchen und Ehrenämter und kla-
gen dann, sie seien »extrem gefordert«.

Hier regt sich ein Verdacht: Die Appetenz nach Neuem führt
bei vielen Lehrern in der Schule nicht zum Ziel, sie suchen und
finden die Befriedigung ihres Sicherheitstriebes in der Politik.
Dort fühlen sie sich dann extrem gefordert, also wohl. Interessant ist in diesem Zusammenhang auch, daß Lehrer besonders
gerne reisen, und zwar nicht nur der Bildung wegen. Aber ich

sage noch einmal: Die Tatsache, daß verhältnismäßig wenig Lehrer ihr Flow-Erlebnis in der Schule haben, geht auch auf das System zurück, auf uninteressante Lerninhalte, starre Organisationsformen, einengende Vorschriften.

Langeweile birgt noch eine ganz besondere Gefahr in sich: Dadurch nämlich, daß der Unterforderte seine Aufmerksamkeit nicht oder nur zum geringen Teil für seine Arbeit einzusetzen braucht, richtet er sie auf andere Bereiche. So wird sie unter Umständen ganz von der Arbeit abgezogen, es kommt zu gefährlichen Situationen. Bekannt geworden ist das Schrankenwärter-Syndrom. Es hat sich nämlich herausgestellt, daß Schrankenwärter, die nur ganz selten eine Schranke zu bedienen brauchen, dann auch diese Aufgabe vergessen. Schrankenwärter, die ständig gefordert werden, arbeiten weit zuverlässiger. Nun ist (oder war) der unterforderte Schrankenwärter gefährlich genug, noch gefährlicher ist das entsprechende Syndrom in vollautomatischen Industrieanlagen, beispielsweise in einem Atomkraftwerk. Hier sitzen hochqualifizierte Fachleute vor den Kontrollapparaturen. Tritt lange Zeit kein Störfall ein, wird das Syndrom wirksam: Der Ernstfall wird nicht mehr registriert.

Leider müssen auch heute noch zahlreiche Menschen eine langweilige und damit lustlose Arbeit verrichten. Dies ist nur zum Teil mit Sachzwängen zu erklären. Der Fehler liegt sehr viel tiefer. Ich will versuchen, ihn aufzuzeigen.

Der ideale Mitarbeiter

Wie auch immer der ideale Mitarbeiter aussehen mag – ich werde ihn sofort näher beschreiben –, einiges kann man von vornherein über ihn aussagen: Der ängstliche Mitarbeiter ist nicht ideal, denn er exploriert nicht und setzt damit seine Fähigkeiten nicht ein. Ganz sicher ist auch der gelangweilte Mitarbeiter nicht ideal, denn er exploriert außerhalb seines Arbeitsbereiches. Ideal ist ein Mitarbeiter sicher auch dann nicht, wenn er einen Risikofaktor darstellt, beispielsweise durch Überheblichkeit oder Ignoranz. Besondere Beachtung verdient dabei das Problem der Überqualifikation. Nach dem Sicherheits-Risiko-Gesetz neigt der Übergualifizierte dazu, sich zu sicher zu fühlen und dadurch seine Aufmerksamkeitskapazität nur ungenügend auf seine Arbeit zu richten. Dies führt zu echtem Risiko. Echte Risiken können aber auch, wie wir gesehen haben, durch ein besonderes oder gar ungebremstes Luststreben entstehen – sei es die Lust des Sicherheitstriebes oder anderer Triebe. So gibt es ganze Berufssparten, die durch eine besondere Lust am Risiko gekennzeichnet sind, wie Unternehmer, Politiker, Stuntmen. Allerdings wissen diese Menschen um das Risiko und stellen sich darauf ein. Ein Beispiel für echtes Risiko ist der übermäßig Ehrgeizige. Er strebt rücksichtslos nach Sieg und kann so für sich und andere zur Gefahr werden.

Wie sieht nun der ideale Mitarbeiter aus? Ich behaupte, es ist der Mitarbeiter, der in seiner Arbeit Flow erlebt, der seine explorativen Potentiale in seiner Arbeit einsetzt. Ich werde die Gründe hierfür gleich darlegen, zuvor aber noch die Begriffe »Flow« und »Exploration« zusammenführen: Exploration ist die Triebhandlung des Sicherheitstriebes, also die mit Anstrengung verbundene Umwandlung von Unsicherheit in Sicherheit. Die Unsicherheit kann sich dabei auf Probleme beziehen, die nicht unbedingt mit Risiko im Sinne möglicher Schädigungen verbunden sind, beispielsweise zahlreiche wissenschaftliche Probleme. Die Unsicherheit kann sich aber auch auf gefährliche Situationen beziehen, wie etwa beim Artisten. Der Oberbegriff heißt: hohe Entropie.

Flow ist der konzentrierte Vorgang der Exploration unter Zeitbedingungen wie beispielsweise beim Bergsteigen, Schachspielen, Operieren. Flow ist also ein spezieller Fall der Triebhandlung »Explorieren«.

Zentral wichtig ist die Feststellung, daß durch ständiges Explorieren, also durch stets neue Überführung von Unsicherheit in Sicherheit, das Sicherheitssystem des Explorierenden erweitert wird. Wird das Unbekannte immer erneut zum Bekannten gemacht, werden immer neue Probleme gelöst und Situationen beherrscht, so wächst das Sicherheitssystem als ganzes an. Man gewinnt insgesamt an Wissen, Können, Erfahrung, Erkenntnis usw.

Faßt man Exploration in diesem Sinne auf, dann erweist sich der explorierende Mitarbeiter aus drei Gründen als ideal:

Zum ersten wird seine Arbeit wieder mit Lust belohnt und zwar mit einer solchen, die im Vorgang der Arbeit selbst enthalten ist. Ich sage »wieder«, weil der Mensch in seinem Bestreben, Anstrengung zur reduzieren und Lust zu steigern, schon frühzeitig Anstrengung und Lust auseinandergerissen hat in Arbeit und Freizeit. Arbeit wurde so zur reinen Anstrengung, zur Schinderei, zur Maloche. Sie wurden denen »aufgebürdet«, die sich nicht wehren konnten.

Im gleichen Maße wie Arbeit als Maloche empfunden wird, wird Freizeit aufgesucht. Von der Freizeit erhofft man sich die ersehnte Lust, die dann natürlich ohne Anstrengung zur Verfügung stehen soll. Tatsächlich ist es aber gar nicht so einfach, in der Freizeit genügend Neugierreize zu finden, die zur Triebbefriedigung führen. Nein – evolutionär bilden Anstrengung und Lust eine Einheit. So hatte der Urmensch zweifellos ein hartes und anstrengendes Leben als Jäger und Sammler, aber lustvoll war es vermutlich dennoch. Heute bezahlen die Menschen jedenfalls viel Geld, um überhaupt jagen zu dürfen.

Es ist evolutionär falsch, Arbeit und Freizeit in rigoroser Weise auseinanderzureißen. Die Arbeit selbst muß wieder lustvoll werden.

Der zweite Grund besteht darin, daß der explorierende Mitarbeiter – und das ist zugleich derjenige, der über ein Können verfügt – Anstrengung erbringt. Der Mensch ist nämlich auf Anstrengung programmiert und nicht auf das Schlaraffenland (v. Cube/Alshuth 1995). Der Einsatz der Aktions- und Triebpotentiale ist eine evolutionäre Notwendigkeit. Mangel an Anstrengung führt zu Krankheit, Aggression und Drogenkonsum.

Zugleich erfüllt der explorierende Mitarbeiter eine weitere evolutionäre Bedingung: Die Triebbefriedigung findet im Ernstfall statt. Tatsächlich ist ja der Mensch evolutionär auf den Ernstfall programmiert und nicht (allein) auf das Spiel. Das Leben in der Natur ist hart, es erfordert den ernsthaften Einsatz der vorgesehenen Energien. Das Spiel der Erwachsenen – nicht das Spielen der Kinder, dieses dient dem Training für den Ernstfall – ist nachgeordnet. Es tritt erst dann auf, wenn kein Ernstfall vorliegt. Die Katze, die ständig gefüttert wird, fängt keine Mäuse mehr, aber sie spielt Mäusefangen. Der Mensch hat sich sein

Leben weithin gesichert – wenigstens erscheint es ihm so – er kann also spielen. Aber das evolutionäre Programm kann er nicht verändern, insbesondere kann er die intensive Lust für Anstrengung im Ernstfall nicht herbeizaubern.

Der dritte Grund, im explorierenden Mitarbeiter den Idealfall zu sehen, besteht in einer besonders wichtigen Konsequenz: Der explorierende Mitarbeiter erfährt ja nicht nur die Lust des Sicherheitstriebes, sondern auch die Lust der aggressiven Triebbefriedigung. Qualifizierte Exploration führt zur Leistung, Leistung führt zu höherem Rang, zu Ansehen und Anerkennung. Gerade in unserer Wohlstandsgesellschaft ist diese Art der Aggressionbefriedigung von höchster Bedeutung. Leistung wird zur evolutionär notwendigen und zugleich humanen Triebbefriedigung.

Auch hier hat der Mensch aus Ignoranz schwerwiegende Fehler gemacht. Wird Leistung nämlich nicht zum Kriterium für Anerkennung und Rang, so schafft sich der Aggressionstrieb andere Wege: Funktionärstum, Unfairneß, Unterdrückung, Gewalt. Der Abbau von Leistungshierarchien ist ein katastrophaler Fehler sozialistischer Ideologien.

Schließlich ist Leistung auch Voraussetzung für Kooperation und Bindung. Im gemeinsamen Handeln muß man sich auf den anderen verlassen können, man ist auf die Leistung des anderen angewiesen. Hier gilt die uralte Weisheit vom Geben und Nehmen, von einem Gleichgewicht, das für das Überleben von Sozietäten erforderlich ist.

Es ist mir klar, daß unsere heutige Arbeitswelt vom Idealbild des explorierenden Mitarbeiters im allgemeinen (noch) weit entfernt ist. Dies beruht vorwiegend auf Ignoranz. Die Verhaltensbiologie zeigt ja auf, daß viele Übel unserer Zeit – Arbeitsverdrossenheit, Krankheit, Langeweile, Gewalt, Drogenkonsum, aber auch Umweltzerstörung und andere Risiken – auf gravierende Verstöße gegen evolutionäre Gesetze zurückgehen: auf Verwöhnung, auf die strikte Trennung von Arbeit und Freizeit, auf die Utopie des spielenden Menschen oder die Utopie der Gleichheit.

Die Verhaltensbiologie zeigt aber auch Wege auf, die Fehler zu korrigieren, ohne Lebensqualität zu mindern: Flow-Erlebnisse in der Arbeitswelt sind allemal besser als lustlose Arbeit und langweilige Freizeit.

Freizeit

Urlaubslangeweile

Betrachten wir zunächst das Reisen. Im Erkunden fremder Länder zeigt sich der Sicherheitstrieb in seiner ursprünglichen Form. Als der Mensch noch zu Fuß gehen mußte, war das fremde Land ja immer das benachbarte. Das Erkunden bedeutete somit die Vergrößerung des Lebensraumes und damit die Vergrößerung der Sicherheit. Auf diese Weise haben sich die neugierigsten Wesen, die Menschen, ausgebreitet, auf diese Weise wurde die Erde nach und nach entdeckt und bevölkert. Heute ist die Zeit der Erkundungsreisen vorbei. Nur noch ganz wenige Wissenschaftler oder Abenteurer haben das Glück, ihren Neugiertrieb in dieser ursprünglichen, spannenden, risikoreichen und anstrengenden Weise befriedigen zu können.

Beschleunigt wurde die Ent-Deckung der Welt (und deren Entzauberung) durch den Massentourismus. Dieser wiederum kam nicht zuletzt dadurch zustande, daß man dem Reisen das Risiko genommen hat. Der Tourist wollte (und will) das Neue zwar sehen und kennenlernen, aber bitte ohne Anstrengung und ohne Risiko. So wurde (und wird) dem Reisenden alles Unsichere erspart: Reisebüro und Reiseleiter »sorgen« für fahrplanmäßige Abfahrt und Ankunft, für Hotels mit gewohntem Komfort, für die Erledigung undurchschaubarer Formalitäten wie Buchungen, Paßprobleme, Geldwechsel. Die Betreuung ist perfekt. Verbringt man den Urlaub im Hotel mit eigenem Areal, so spielt es keine Rolle mehr, in welchem Land man sich befindet. Man braucht jedenfalls vor nichts mehr Angst zu haben, man ist vor jeder Überraschung »sicher«. Selbst Unvorhersehbares wie das Wetter braucht einen nicht mehr zu ängstigen, man kann sich ja gegen schlechtes Wetter versichern lassen. Dies gilt auch

79

für andere Mißlichkeiten wie schlechte Unterkunft, Lärm oder was man sich sonst alles an Möglichkeiten ausdenken kann.

Eines freilich bedenken solche Urlaubsreisende nicht: Die allseitige Sicherheit führt zwangsläufig zur Langeweile, insbesondere dann, wenn der Urlaub längere Zeit dauert. Nicht umsonst spricht man seit Jahren von »Urlaubslangeweile«. Um diese nicht zur Qual werden zu lassen, sorgen die Urlauber entweder selbst für Neugierreize, sie nehmen beispielsweise Bücher mit – insbesondere Krimis oder Abenteuerromane (!) –, oder die Veranstalter übernehmen diese Aufgabe: Sie engagieren speziell ausgebildete Animateure die für »Zerstreuung« sorgen. Dabei werden gravierende Fehler gemacht: Meist werden nämlich nur Reize gesetzt – Theater, Besichtigungen, Shows, etc. – und keine Aufgaben, die zu bewältigen sind, bei denen Unsicherheit in Sicherheit zu verwandeln ist. Ohne Spannung und Anstrengung wird aber der Sicherheitstrieb nur ungenügend befriedigt, die Langeweile steigt erst recht an, es kommt zu Frustration und Aggression.

Sicher – es ist gar nicht so einfach, die mühsam wegorganisierte Unsicherheit mit anderen Mitteln wieder hereinzuholen. Was kann man beispielsweise auf dem Traumschiff Neues im Sinne einer Risikobewältigung unternehmen? Die höchsten Reize bestehen in gepflegter Unterhaltung, insbesondere mit dem Kapitän, ein wenig Feuerwerk an Bord und Besichtigung organisierter Eingeborenenveranstaltungen. Eigentlich ist es absurd, Unsicherheit erst wegzunehmen, um sie dann mühsam wieder herbeizuschaffen. Das erinnert an andere Absurditäten, etwa daran, daß man das Wasser erst verschmutzt, um es dann mühsam wieder zu reinigen.

Sehen wir einmal ab von den wenigen Forschungsreisenden und den wenigen Abenteurern, die – häufig mit einer gehörigen Portion Selbstüberschätzung – Wüsten durchqueren oder Urwälder durchstreifen, so kann man nur noch das Ende des Reisens im Sinne des Erkundens von Land und Leuten feststellen. Natürlich wird noch gereist, und zwar immer mehr, aber es handelt sich nicht um ein Reisen im Sinne von Erkunden, sondern ein Reisen in dem Sinne, daß ein anderer Ort aufgesucht wird. Der Urlaubsort selbst wird im allgemeinen nicht mehr exploriert oder erkundet, es werden ganz andere Dinge getrieben, den Neugiertrieb zu befriedigen. Der Urlaubsort erfüllt entweder die Voraussetzungen für Erlebnisse ganz anderer Art, zum Beispiel für Bergsteigen, oder er dient einfach als Tapetenwechsel für irgendwelche anderen mehr oder weniger reizvollen Tätigkeiten.

Warum schießen denn an vielen Urlaubsorten Tennisplätze aus dem Boden? Warum werden an den Urlaubsorten Golfplätze errichtet, Schwimmbäder, Festspielhäuser, Spielcasinos? Die Antwort ist klar: Das Reisen (als Abenteuer) ist zu Ende. Man braucht neue Reize und Risiken.

Der Urlaub braucht also keineswegs langweilig zu sein – auch wenn das Reisen selbst kein Abenteuer mehr bietet. Man kann, wie überhaupt in der Freizeit, zahlreiche Flow-Erlebnisse haben. Bevor ich jedoch auf den Freizeitflow eingehe, möchte ich vor einigen »Langweilfaktoren« warnen, die die Freizeit vermiesen können.

Zum ersten ist es das Streben nach Lust ohne Anstrengung. Gewiß: Wenn die Arbeit nur in Anstrengung ohne Lust besteht, dann ist es klar, daß man in der Freizeit Lust ohne Anstrengung sucht. Tatsächlich ist aber Lust ohne Anstrengung kurzlebig und schal. Das hängt damit zusammen, daß im Spiel keine sehr hohe Spannung aufgebaut wird und damit die Entspannung auch nicht so intensiv erlebt wird. Die Lust hingegen, die wir als Belohnung von Anstrengung erfahren – selbständig gelöste Probleme, selbst errungene Siege, »verdiente« Anerkennung – empfinden wir dauerhafter und intensiver als jede geschenkte. Die Lust die wir empfinden, wenn wir mit wunden Fingern, wie Lorenz sagt, einen Berg hinaufklettern, kann die Seilbahn nicht vermitteln.

Ein zweiter Langweilfaktor kann dadurch wirksam werden, daß Freizeit allein mit Spiel ausgefüllt wird. Wir sind ja, wie gesagt, auf den Ernstfall programmiert und empfinden in diesem auch die höhere Lust. So erreicht im allgemeinen die Anerkennung für spielerische Leistung nicht die Intensität, die wir für die Anerkennung einer verantwortungsvollen Arbeit erhalten. Eine höhere Lustempfindung können wir in der Freizeit dadurch erreichen, daß wir den Ernstfall schaffen, in dem wir besonders gefährliche Risiken eingehen, wie etwa im Extremsport. Man kann aber auch das Spiel zum Beruf machen, wie beispielsweise der Profi-Fußballer. Nur der Ernstfall erzeugt die Spannung zwischen Unsicherheit und Sicherheit, die die Endhandlung zum alles überragenden Erlebnis werden läßt.

Der dritte Langweilfaktor ist vielleicht der verbreiteste. Es handelt sich um die Unsitte, nur Neugierreize zu bieten, aber keine Möglichkeit, den Trieb zu befriedigen. Viele Besichtigungen sind von dieser Art, aber auch flüchtige Bekanntschaften. Bietet das Neue keine Möglichkeit der Erforschung, hat man keine Gelegenheit dazu oder ist das Neue schnell durchschaut, dann findet keine Triebhandlung statt. Das bedeutet wiederum, daß die Appetenz bestehen bleibt, also die Langeweile, ja, daß sie noch weiter zunimmt.

Im folgenden wenden wir uns der Frage zu, wie man in der Freizeit, zunächst einmal im Sport, echten Flow erleben kann.

Risikosport

Sieht man den Sport aus der Perspektive der Evolution, so lassen sich vier Funktionsbereiche unterscheiden, die sich in der Praxis selbstverständlich überlappen können:

Der Fitneßsport ruft die evolutionär programmierten Bewegungspotentiale ab und erfüllt damit eine unbedingt notwendige Funktion. Bewegungsmangel führt bekanntlich zu zahlreichen gravierenden Zivilisationskrankheiten. Evolutionsbiologisch ist der Fitneßsport vorwiegend durch das Appetenzverhalten gekennzeichnet, so etwa Laufen, Schwimmen, Gymnastik etc.

Beim Kampfsport (im weitesten Sinne) geht es um die Befriedigung des Aggressionstriebes (v. Cube, 1994). Der Kampfsport kann im direkten, selbstverständlich ritualisierten Kampf bestehen, wie etwa beim Boxen, Ringen, Fechten, Tennis oder Fußball. Durch den vom Menschen erfundenen Wettkampf kann jedoch grundsätzlich jede Sportart zum (indirekten) Kampfsport gemacht werden. Zu bedenken ist freilich, daß beim Wettkampf die Werkzeuginstinkte des Aggressionstriebes im allgemeinen nur unzureichend eingesetzt werden.

Der dritte Bereich ist der Risikosport. Er dient in erster Linie der Befriedigung des Sicherheitstriebs – sofern er tatsächlich Flow-Erlebnisse vermittelt. Zum Risikosport gehören extreme Versionen des Skifahrens und des Bergsteigens, gehören Drachenfliegen, Skeleton-Rodeln, Brandungssurfen, Fallschirmspringen, Wildwasserfahren und anderes mehr.

In den letzten Jahren wurde der Risikosport immer beliebter. Auch in den Medien findet er zunehmend Beachtung. So werden beispielsweise Surfer gezeigt, die in haushohen Brechern Looping springen oder Felskletterer, die mit bloßen Händen Überhänge meistern etc. Damit wird deutlich, was das Flow-Erlebnis des Risikosports – mehr noch als das Flow-Erlebnis des Malens oder Musizierens – so attraktiv macht: der Ernstfallcharakter des Risikos. Die Verwandlung von Unsicherheit in Sicherheit im Risikosport bedeutet ja unter Umständen eine Überlebensaufgabe. Es wird also der evolutionäre Ernstfall hergestellt. Dieser enthält einen so hohen Grad an Spannung und lustvoller Entspannung, wie er im Spiel oder in der Kunst im allgemeinen nicht erreicht werden kann.

Allerdings – auch im Risikosport gehen die Sportler subjektiv kein »übermäßiges« Risiko ein. Selbst ein Reinhold Messner verzichtet auf einen Aufstieg, wenn ihm der Situation entsprechend das Risiko zu hoch erscheint. Diejenigen, die das subjektive Risiko seiner selbst wegen aufsuchen, bilden, wie die Befragungen übereinstimmend zeigen, die Ausnahme.

Dagegen zapfen Risikosportler gelegentlich noch eine zweite Lustquelle an: Den Sieg durch Anerkennung. Wenn Zuschauer da sind, legen die Sportler oft noch »einen Zahn« hinzu: Sie klettern, surfen oder springen noch ein wenig waghalsiger. Das Staunen der Zuschauer bedeutet für sie Anerkennung, Rang, Sieg.

Rheinberg (1990) hebt in seiner Untersuchung des Risikoverhaltens den Faktor »Kompetenz« hervor. Ich möchte aus der Sicht des Sicherheitstriebes und des Sicherheits-Risiko-Gesetzes diesen Faktor relativieren:

Es ist sicher richtig, daß sich das risikosportliche Handeln nach der jeweiligen Qualifikation, also der Kompetenz richtet. Die Sportler wollen ja kein echtes Risiko eingehen, sondern die

Schwierigkeiten meistern. Dies wird zusätzlich dadurch bestätigt, daß sich die Risikosportler nur ungern irgendwelchen Zufällen aussetzen. Hierfür kalkulieren sie zu knapp.

Andererseits ist, gerade des Sicherheits-Risiko-Gesetzes wegen, eine besondere Kompetenz nicht unbedingt erforderlich. Man kann auch auf niedrigerer Ebene Flow-Erlebnisse haben. Der weniger gewandte Surfer erlebt die Unsicherheit auch außerhalb der Brandung, der ungeübte Skifahrer am Anfängerhügel.

Freilich: Eine minimale Kompetenz ist beim Risikosport in jedem Falle erforderlich. Sonst kann man den Sport ja nicht ausüben. Aber jenseits dieses Minimums eröffnet sich für jeden die Chance des Flow-Erlebnisses durch Risikosport. Der Akteur kann dabei in die Breite gehen, das heißt, er kann neue Sportarten erlernen. Er kann auch in die Tiefe gehen, das heißt, er kann an Kompetenz gewinnen und damit den Schwierigkeitsgrad erhöhen. Der Risikosport bietet damit ein unerschöpfliches Repertoire für eine anstrengende und lustvolle Befriedigung des Sicherheitstriebes.

Der vierte Funktionsbereich ist der Mannschaftssport. Er ist durch gemeinsames Handeln charakterisiert und betont damit die persönliche Bindung. Gewiß spielen im Mannschaftssport außerdem Flow oder Anerkennung eine Rolle, Bindung läßt sich jedoch logischerweise nur im Team erleben. Gemeinsames Handeln ist in unserer Wohlstandsgesellschaft um so wichtiger, als diese eher zur Vereinzelung führt. Im Wohlstand braucht man sich nicht, das Band, wie Lorenz sagt, wird lose.

Wir wenden uns nun der Frage zu, ob es noch andere Freizeitaktivitäten mit Flow-Charakter gibt, die den Alltag in ähnlicher Weise zu bereichern vermögen.

Freizeit-Flow

Im folgenden beschränke ich mich auf solche Freizeitaktivitäten, die Flow-Erlebnisse ermöglichen. Sicher gibt es noch viele andere erstrebenswerte, angenehme und lustvolle Freizeitbeschäftigungen, beispielsweise »Auswärts-Essen« mit Freunden oder mit der Familie, Theaterbesuche, Museumsbesuche, Zoobesuche,

Besichtigungen von Ausstellungen oder Sehenswürdigkeiten, Wandern, Fitneßsport und so weiter. Ich spreche auch nicht von den zahlreichen Freizeitbeschäftigungen, die ihre Attraktivität durch den Aggressionstrieb erhalten oder den Sexualtrieb. Im folgenden geht es um die Befriedigung des Sicherheitstriebes in der Freizeit, insbesondere um Freizeitflow. Ohne Zweifel ist diese Form der Freizeitgestaltung bisher vernachlässigt worden. Man hat sie, wie Csikszentmihalyi ausführt, gar nicht richtig erkannt.

Wie ich sehe, lassen sich fünf Bereiche potentiellen Flow-Erlebens in der Freizeit unterscheiden: Abenteuerreisen, Risikosport, Flow-Spiele, künstlerische Aktivitäten, Passiv-Flow. In diesen Bereichen sind Flow-Erlebnisse möglich, sie finden jedoch nicht zwangsläufig statt. Es hängt alles davon ab, ob in angemessenem Umfang und in angemessener Zeit Unsicherheit in Sicherheit verwandelt, ob Spannung erzeugt und lustvoll abgebaut wird. Über Abenteuerreisen und Risikosport haben wir schon gesprochen. Ich möchte hier nur zwei weitere Sportarten erwähnen, die sich großer Beliebtheit erfreuen: Skateboardfahren und Reiten. Unter Flow-Spielen verstehe ich solche, die Flow-Erleben grundsätzlich möglich machen, wie etwa Schach, Sportspiele Denksport oder auch einige Kartenspiele.

Auch unter den Computerspielen gibt es strategische Spiele mit hohem Flow-Effekt. Sie sind so konstruiert, daß mit steigendem Können auch der Schwierigkeitsgrad ansteigt. Genau darin besteht ja die Bedingung für das Fortschreiten im Flow-Kanal. Computerspiele ohne diese Bedingung werden schnell langweilig.

Künstlerische Aktivitäten führen dann zum Flow-Erlebnis, wenn die Akteure in einen Schaffensrausch verfallen, also ihre ganze Informationskapazität dem Schaffen zuwenden. Dabei kommt es, wie gesagt, nicht auf künstlerische Qualität an, sondern auf das Malen, Musizieren oder Komponieren als solches.

Überhaupt ist die Kunst ein unerschöpfliches Feld für Flow-Erlebnisse. Kunst hat ja in jedem Falle eine kreative Komponente. Der Kunstschaffende erzeugt permanent Unsicherheit und verwandelt diese wieder in Sicherheit.

Unter Passiv-Flow verstehe ich das Miterleben der Unsicherheitsbewältigung durch passiven Mittvollzug, etwa beim Achterbahnfahren, beim Mitansehen von Abenteuern, beim Lesen eines Kriminalromans. Vor kurzem wurde eine neue Qualität des Passiv-Flows erfunden: Die virtuelle Realität. Diese Technik erlaubt die Perfektion des Passiv-Flows schlechthin.

An zwei Beispielen, dem Schachspiel und dem Fernsehen, möchte ich den Freizeitflow etwas näher beschreiben.

Im Gegensatz zum Risikosport ist die Unsicherheit beim Schachspiel durch die hohe Entropie des Problems gekennzeichnet. Wenn Schachspieler ihr Erleben schildern, benutzen sie daher auch eher die Analogie der mathematischen Problemlösung. Die Situation ist, wie sie sagen, »immer wieder anders«. Die Unsicherheit wird aber auch direkt erlebt. Die Befragten finden das Spiel aufregend, spannend, es erfordere »ständige Alarmbereitschaft«. Wenn auch beim Schachspiel, wie Csikszentmihalyi zeigt, Flow erlebt wird, so spielt doch ein anderer Trieb eine ebenso große Rolle: die Aggression. »Es ist ein wenig wie das Siegen in irgendeinem Kampfsport, und ein wenig auch wie das Lösen eines Problems.« Interessant ist, daß gute Schachspieler ihre Lust vorwiegend durch den Sieg erleben, für weniger gute ist das Spiel selbst die Hauptsache. Der Sachverhalt steht im Gegensatz zu einer Aussage von Csikszentmihalyi, nach der man, um beim Schach Flow zu erleben, »genügend gut spielen können muß«, er steht aber im Einklang mit den Erkenntnissen der Verhaltensbiologie. Die Befriedigung des Sicherheitstriebs ist auch auf niedriger Qualifikationsebene möglich, die Befriedigung des Aggressionstriebs erfordert selbstverständlich hohe Kompetenz. Bemerkenswert ist noch, daß einige Schachspieler auch die Bindung hervorheben, das gemeinsame Interesse der Mitspieler.

Die Beliebtheit von Abenteuerfilmen, Krimis und dergleichen ist ebenfalls durch Flow, also durch ständigen Aufbau und Abbau von Unsicherheit, zu verstehen. »Der Zuschauer siegt mit«, heißt ein durchaus richtiger Werbeslogan für den Bereich aggressiven Lusterlebens. Ähnlich ist es mit dem Flow-Erleben. Dieses findet allerdings nur statt, wenn wirklich Spannung erzeugt wird, wenn etwa, wie bei Hitchcock, ständig irgend etwas passieren kann. Der Passiv-Flow war schon immer sehr beliebt. Immer schon wurden spannende Geschichten erzählt, gelesen, gehört oder gesehen, immer schon hat der Mensch durch das Anhören der Abenteuer anderer seine Neugier lustvoll befriedigt.

Tatsächlich führt der Passiv-Flow in jedem Falle zu einer positiven Lustbilanz. Die Anstrengung entfällt ja ganz. Aber man muß auch die Gefahren sehen: Permanenter Passiv-Flow verhindert eigene Leistung. das kann zur Abhängigkeit führen, zur Sucht.

Ehe und Partnerschaft

Treue aus Angst

Wendet man die Erkenntnisse über den Sicherheitstrieb und das Sicherheits-Risiko-Gesetz auf die Ehe oder eine vergleichbare Partnerschaft an, so ergeben sich einige interessante Schlußfolgerungen. Betrachten wir zunächst die Zeit vor der Ehe!

Die Zeit vor der Ehe (oder Partnerschaft) ist logischerweise eine Zeit der Unsicherheit. Die Suche nach einem Partner bedeutet ja, daß man (noch) unsicher ist, sich (noch) nicht entschieden hat. Es wird der eine oder andere in Augenschein genommen, man probiert aus, ob man zusammenpaßt, man fragt vielleicht sogar um Rat, weil man vor einer Entscheidung steht.

Verhaltensbiologisch gesehen, ist die Partnersuche ein Appetenzverhalten. Aber welcher Reiz wird aufgesucht, welcher Trieb soll befriedigt werden? Nun, wenn es um die Suche nach einem dauerhaften Partner geht, sind es im wesentlichen drei Triebe: Sexualität, Bindung, Sicherheit. Gesucht wird die Sicherheit, den Sexualtrieb und den »Bindetrieb« (Eibl-Eibesfeldt) zugleich und dauerhaft befriedigen zu können; man kann auch einfacher sagen: Gesucht wird Liebe.

Hat man einen Partner kennengelernt und sich für ihn entschieden, dann will man ihn auch behalten. Nicht umsonst ist die Rede vom »sicheren Hafen« der Ehe, nicht umsonst wird die Ehe»schließung« durch zahlreiche Rituale gesichert: Der Treueschwur soll die Bindung auf ewig besiegeln, die Rituale des Ringtausches, des Ja-Worts vor Zeugen, vor dem Pastor, vor Gott, dienen der Sicherung der Partnerschaft. Sicherheitsrituale gibt es im übrigen nicht nur bei der Eheschließung, auch Freundschaften erhalten durch Rituale eine totale Absicherung: Der Blutsbruder ist zur ewigen Treue verpflichtet, Mitgliedsanwärter einer Gruppe müssen erst Mutproben bestehen, ehe sie, eventuell auf immer, zur Gruppe gehören.

In der Ehe findet die Sicherheit der Bindung auch (noch) im gemeinsamen Namen ihren Ausdruck, im besitzanzeigenden »meine Frau« bzw. »mein Mann« und ähnlichen Ausdrucksformen. In manchen Gesellschaften wird die Sicherheit dadurch erhöht, daß der Partner – meist der weibliche – nach außen abgeschirmt wird. Die Frau hütet das Haus, zeigt sich möglichst wenig in der Öffentlichkeit und verkehrt vor allem nicht dort, wo sich Männer aufhalten.

Untersuchen wir die »geschlossene« Ehe in unserem Kulturkreis, so gibt es – im Aspekt des Sicherheitstriebs – die schon mehrfach genannten Möglichkeiten:

Die Unsicherheit bleibt trotz aller Maßnahmen bestehen oder kehrt nach einiger Zeit wieder, es kommt zur Angst. – Die Unsicherheit wird dauerhaft in Sicherheit verwandelt, es kommt zur Langeweile. – Die Unsicherheit wird immer wieder neu geschaffen und abgebaut, es kommt zum Flow.

Betrachten wir zunächst die permanente Unsicherheit. Sie beginnt meist mit der wiederholten Frage »Liebst Du mich noch?« und führt dann über Beteuerungen und Beschwichtigungen zur diffusen Eifersucht. Eifersucht bedeutet ja nichts anderes als die Angst, den Partner ganz oder teilweise zu verlieren. Bleibt die Unsicherheit in der Partnerschaft auf Dauer bestehen, wird der betroffene Partner gelähmt. Das ist zwangsläufig so, denn ein Partner, der erfolglos versucht, Unsicherheit in Sicherheit zu verwandeln, ist ständig mit diesem Versuch beschäftigt. Er paßt auf, kontrolliert, spioniert oder versucht, innerlich mit seiner Unsicherheit fertig zu werden. Er ist zwar selbst treu, die ständige Angst kann jedoch in Aggression gegen den Schuldigen umschlagen und, was wir ja immer wieder erleben, zu Gewalt führen.

Im übrigen scheint es so zu sein, daß vor Jahrzehnten oder gar vor Jahrhunderten die Ehe mehr Sicherheit geboten hat. Die Rituale waren bindender, die Außenkontakte – zumindest der Frauen – geringer, die Sitten strenger. Im Aspekt des Sicherheits-Risiko-Gesetzes war dies insofern sinnvoll, als das »feindliche Leben«, jedenfalls das alltägliche, unsicherer war als heute.

Neben der Angst, den Partner zu verlieren, gibt es in einer organisierten Partnerschaft noch eine ganz andere Angst: Die Angst, vom – nicht mehr geliebten – Partner nicht mehr loszukommen. Diese Angst ist in unserer Gesellschaft nur allzu berechtigt. Man kann sich zwar relativ leicht scheiden lassen, aber eine inhumane, ja »furcht«bare Gesetzgebung und eine ebensolche Rechtsprechung bedrohten den Geschiedenen mit lebenslanger Armut oder mit der Vernichtung seiner Existenz. Es ist daher nur folgerichtig, daß sich Brautpaare heute immer öfter gegen dieses Eherisiko versichern. Der Ehevertrag enthält dann zugleich die Vorsorge für die Scheidung. Es wird genau geregelt, wer was bekommt, bezahlt, zu tun hat, etc.

Allerdings: Die Verhaltensbiologie erlaubt hier eine Vorhersage: Wer sich gegen die Scheidungsfolgen von vornherein absichert, darf sich zu Recht sicherer fühlen, wer sich sicher fühlt, geht (objektiv) größere Risiken ein.

Untreue aus Sicherheit

Erstreckt sich die Sicherheit über längere Zeit, ist sie zudem noch verbrieft und versiegelt, ist sie zur täglichen Selbstverständlichkeit geworden, so regt sich der Sicherheitstrieb in Form der Appetenz nach Neuem. Man sucht erneut die Unsicherheit, man ist bereit, Risiken einzugehen oder sogar aufzusuchen. Freilich: Die Appetenz nach einer neuen Beziehung betrifft nicht nur den Sicherheitstrieb. Der Reiz des Neuen betrifft natürlich auch Sexualität und Bindung. Aber das Neue, Unbekannte, Unsichere spielt doch eine große Rolle. Nicht umsonst spricht man in diesen Zusammenhang von »Abenteuer«.

In der Situation gesättigter Sicherheit in der Ehe, also der Langeweile, gibt es zwei Möglichkeiten: Seitensprung oder Aggression.

Beginnen wir mit dem Seitensprung. Das Aufsuchen neuer Unsicherheit beginnt bekanntlich mit dem Flirt, er ist Bestandteil des Appetenzverhaltens. Aufgrund der sicheren Bindung zum (bisherigen) Partner führt die Appetenz dann aber auch zum Ziel: Die neuen Reize werden genutzt, um den Sicherheitstrieb zu befriedigen – und nicht nur diesen. Im übrigen gilt auch hier das Sicherheits-Risiko-Gesetz: Je größer die Sicherheit, desto größer das objektive Risiko.

Gelegentlich werden die Reize auch noch raffiniert erhöht. Nicht nur der neue Partner ist reizvoll, sondern auch die Umstände der Begegnung: Man begegnet sich im Hotelzimmer, im Büro, im Auto, im Wald oder sonst einem »ungewohnten« Ort. Wie gesagt, bedeutet der Seitensprung nicht nur Befriedigung des Sicherheitstriebes, sondern auch des Sexualtriebes oder Bindetriebes. Ob das eine oder andere überwiegt, hängt mit der Ehe zusammen: Wurde die Ehe vorwiegend auf der Basis von Sexualität gegründet, so macht sich erst die Appetenz nach Bindung bemerkbar. Wurde die Ehe vorwiegend auf Bindung und Sympathie gegründet, dürfte die Appetenz nach Sexualität im Vordergrund stehen. Sicherheit in der Ehe führt somit – theoretisch (!) – zu neuem Risiko. Dieses wird dabei nicht nur in Kauf genommen, das Kennenlernen eines neuen Menschen wird durchaus lustvoll erlebt, ja, das Risiko kann selbst zur Quelle neuer Lust werden.

Die Überlegungen stehen übrigens im Einklang mit Untersuchungen des Soziologen Heinz Meyer. Er stellt fest, daß »die Mehrzahl der Individuen keine lebenslange Monogamie leistet«, daß auf die Verliebtheit eines Paares häufig eine Phase der Neuorientierung folgt. Auf diese folgt oft wiederum eine Phase erneuter monogamer Verliebtheit. Es ist dann allerdings die Frage, auf wen sich diese richtet.

Die andere Konsequenz dauerhafter und totaler Sicherheit in der Ehe ist Aggression. Sie kommt folgendermaßen zustande: Langanhaltende Sicherheit führt zur Langeweile, also zu unerfüllter Appetenz. Der Mensch sucht nach Neuem, Unbekanntem, Unsicherem, er findet indessen keine solche Reize oder er findet die Reize, hat aber keine Möglichkeit, die damit verknüpfte Triebaktivität zu verwirklichen. In keinem Falle kommt es zur Befriedigung des Sicherheitstriebes. Der unbefriedigte Trieb führt zu Frustration und damit zu Aggression. Die Aggression kann sich dabei auf recht unterschiedliche Personen richten. Das hängt davon ab, wie es zur Verweigerung der Unsicherheitsreize kommt. So gibt es Ehepartner, deren alltägliches Leben so unter Aufsicht steht, daß sie gar keine Gelegenheit zum Aufsuchen neuer Reize haben. Viele Menschen folgen auch moralischen Normen, die einen Verzicht auf den Seitensprung fordern. In beiden Fällen kann es zu einer diffusen Aggression kommen, die auf Dauer zu Depressionen führen kann, Neurosen oder anderen Krankheiten.

Häufig ist es aber der Ehepartner, der daran »schuld« ist, daß das Appetenzverhalten nicht zum Zuge kommt. Dann richtet sich, meist ohne Wissen des Partners, die Aggression auf den »Schuldigen«. Man macht den Ehepartner dafür verantwortlich, daß man dauerhaft frustriert wird, und läßt daher die Aggression an diesem Partner heraus. Um diese, offenbar recht häufige, Art der Aggression zu vermeiden, raten manche Psychologen dazu, die Ehe durch einen Seitensprung zu retten. Dies ist beispielsweise das Rezept von Arnold Lazarus, der den Seitensprung als Ehetherapie vertritt. Die Verhaltensbiologie macht allerdings deutlich, daß es sich bei dieser Therapie nur um die alternative Konsequenz derselben Ursache handelt: eine zu große und zu dauerhafte Sicherheit in der Ehe. Freilich: Wenn man vor der Alternative Seitensprung oder Aggression steht, spricht manches eher für den Seitensprung.

Damit eröffnet sich eine weitere Perspektive: Langeweile macht sich ja nicht nur in vielen Ehen (oder Partnerschaften) breit, Langeweile kennzeichnet den Alltag vieler Menschen überhaupt. Also suchen sie nach Neuem. Aber wo finden sie das Neue, das Abenteuer? Die Erde ist erforscht, die Berge sind bestiegen, die Meere erobert. Wird der Seitensprung, wie Jack Altman behauptet, zum »letzten Abenteuer«?

Bekanntlich gibt es in den unterschiedlichen Gesellschaften auf unserer Erde auch sehr unterschiedliche Formen von Partnerschaften: Einehe und Vielehe, dauerhafte und wechselnde Beziehungen. Die Frage nach der idealen Organisationsform kann von daher nicht beantwortet werden. Aber auch die Verhaltensbiologie ist nicht in der Lage, diese Frage zu beantworten. Es gibt nämlich schon bei unseren nächsten Verwandten, den Menschenaffen, unterschiedliche Lebens- und Partnerschaftsformen. Einige Forscher sagen, daß die Partnerschaft zwischen einem Mann und mehreren Frauen die evolutionär wahrscheinlichste sei. Aber selbst dann, wenn dies zuträfe, ist der Mensch ja nicht an die Partnerschaftsformen seiner tierischen, also unfreien Verwandten gebunden. Er kann sich, wie in allen übrigen Bereichen auch, im Rahmen seiner evolutionär gewordenen Triebsysteme nach Gutdünken entscheiden.

Im folgenden beschränke ich mich auf unsere gegenwärtige Partnerkultur und betrachte sie unter dem Aspekt des Sicherheitstriebes und nur unter diesem Aspekt.

Will man eine Partnerschaft auf Dauer eingehen, so sind mindestens drei Triebe zu berücksichtigen: Sexualität, Bindung, Sicherheit. Dabei ist es wichtig, Sexualität und Bindung auseinanderzuhalten. Es gibt sehr wohl Sexualität ohne Bindung, und es gibt ebenso Bindung ohne Sexualität. Fehlt das eine oder andere in der Partnerschaft, ist eine entsprechende Appetenz der anderen Partner schon vorprogrammiert. Außerdem ist die Partnerschaft auf Sicherheit angelegt. Das Leben bringt so viele Unsicherheiten mit sich, daß eine ständige Unsicherheit in der Partnerschaft die Handlungsfähigkeit in jeder Beziehung einschränken oder lahmlegen würde. Im übrigen empfiehlt es sich, auch den Aggressionstrieb in die »Überlegungen« einzubeziehen. Eine Partnerschaft, die in erster Linie dazu dient, beim Partner Aggression auszulassen, ist selten von langer Dauer. Zweckmäßig ist es dagegen, die Aggressionspotentiale zu gemeinsamem Handeln zusammenzulegen.

Eine dauerhafte Unsicherheit hält niemand aus – ebensowenig aber eine dauerhafte Sicherheit. Die Lösung, sofern es eine gibt, besteht darin, den Sicherheitstrieb wie jeden anderen Trieb zu »behandeln«: Unsicherheit muß in Sicherheit verwandelt, Sicherheit muß in neue Unsicherheit übergeführt werden. Auch hier gilt: Die beste Partnerschaft besteht in einem dauerhaften Flow-Erlebnis.

Manche Partner glauben, die notwendige Unsicherheit durch eine »offene« Ehe aufrecht erhalten zu können. Aber das ist ein Irrtum. Tatsächlich bezieht sich ja die Unsicherheit nicht auf die dann nicht mehr unbekannten weiteren Partner, sondern auf die nicht beeinflußbare Entwicklung einer solchen Partnerschaft. Das bedeutet Angst. Ähnliches gilt für den vereinbarten Partnertausch. Der Schritt von der Langeweile zur Angst übergeht so den Flow, also das eigentliche Ziel solcher Maßnahmen.

Das Flow-Erlebnis in der Partnerschaft bedeutet, daß man sich stets um den Partner bemühen muß. Man muß seine Aufmerksamkeit auf den Partner richten und immer wieder aufs neue Sicherheit gewinnen. Dann empfindet man aber auch die Lust immer wieder aufs neue, die der Sicherheitsgewinn vermittelt. Es ist somit gar nicht erstaunlich, daß die Beziehung zu einer Geliebten oft viel dauerhafter ist als die zur Ehefrau. Da die Geliebte nie ganz unter Kontrolle steht, da sie immer mit Unsicherheit behaftet ist, da immer etwas Unvorhersehbares passieren kann, muß sich der Partner auch stets aufs neue um sie bemühen. Er erlebt immer wieder die Verwandlung von Unsicherheit in Sicherheit.

Ebenso wenig verwunderlich ist es, daß die heute so weit verbreiteten Partnerschaften ohne Trauschein meist besser »halten« als die durch Trauschein besiegelten. In einer Partnerschaft ohne Ehe ist es ja leichter, den anderen zu verlassen, die Unsicherheit ist größer, also auch die Aufmerksamkeit, die die Partner aufeinander richten müssen. Untersuchungen haben gezeigt, daß diejenigen Partner, die nach längerer freier Partnerschaft dann doch eine Ehe »wagen«, öfter scheitern als andere.

Die ideale Partnerschaft liegt also zwischen Angst und Langeweile, sie ist gekennzeichnet durch das Flow-Erlebnis, durch die immer wiederkehrende Unsicherheit, die stets wieder zur Sicherheit gemacht werden muß. Man erkennt auch sofort, wo Vorsicht geboten ist, nämlich bei den Extremen: Entsteht zuviel Unsicherheit, also zuviel Angst, bleibt der Sicherheitstrieb unbefriedigt: Es kommt zur Aggression oder zur Resignation, zum Verlust der Partnerschaft. Entsteht zuviel Sicherheit, so entsteht auf Dauer Langeweile, die, wie gesagt, eine Appetenz nach Seitensprung zur Folge hat oder, wenn dieser versagt bleibt, in Aggression münden kann.

Ich maße mir nicht an, irgendwelche Ratschläge zu geben, ich versuche nur, Konsequenzen aufzuzeigen. Eine ganz zentrale ist folgende: Flow in der Partnerschaft ist weder durch totale Selbständigkeit noch durch totale Hingabe zu erreichen – Flow setzt die eigenständige Persönlichkeit voraus.

Wenn hier auch nur einige Aspekte aufgezeigt worden sind, so geht doch daraus hervor, daß es darauf ankommt, mit unseren Trieben einsichtig und reflektiert umzugehen. Ein solches erkenntnisgeleitetes Handeln bedeutet dabei nicht, daß sämtliche traditionelle Normen nicht mehr zu gelten bräuchten. Viele Normen haben durchaus ihre Berechtigung, sie sind ja auch durch lange Erfahrung entstanden. Andererseits können sie aber auch angesichts der heutigen Erkenntnisse nicht mehr als alleinige Richtschnur dienen. Sie müssen vielmehr mit den Erkenntnissen der Verhaltensbiologie analysiert und auf ihre Konsequenzen hin untersucht werden.

Alter

Angst im Alter

Mögen die Altersforscher ein noch so optimistisches Bild des alten Menschen zeichnen, an der Tatsache, daß die Leistungsfähigkeit abnimmt, zumindest die körperliche, kommt niemand vorbei. Der alte Mensch kann in der Arbeit nicht mehr mithalten oder im Sport. Sehkraft, Muskelkraft, Ausdauer und Gedächtnis lassen nach. Das alles führt dazu, daß das Sicherheitsgefühl ebenfalls abnimmt. Aus dieser verminderten Sicherheit im Alter ergeben sich nach dem Sicherheits-Risiko-Gesetz drei Konsequenzen:

Alte Menschen nehmen keine weiteren Unsicherheiten »auf sich«. Meist setzen sie im Alter die Tätigkeiten fort, die sie schon immer ausgeführt haben – wenn auch in reduzierter Form. Ganz selten suchen sich alte Menschen neue Tätigkeitsfelder oder Hobbys. Alte Menschen bleiben auch gerne in vertrauter Umgebung. Wenn sie schon umziehen müssen, nehmen sie wenigstens die alten Möbel mit. Im übrigen hat das alte Sprichwort, daß man einen alten Baum nicht mehr verpflanzt, durchaus seine Berechtigung.

Mit fortschreitendem Alter fallen die bisher ausgeübten Tätigkeiten »schwerer«; sie werden daher schrittweise reduziert. So fährt der alte Mensch zunächst langsamer mit dem Auto, dann fährt er nur noch bei Tageslicht, schließlich gibt er das Autofahren ganz auf. Ähnliches gilt für andere gewohnte Aktivitäten.

Schließlich reagiert der alte Mensch auch ängstlicher auf unvorhergesehene Ereignisse, auf Krankheiten, auf Veränderungen in der Umgebung, auf politische Neuerungen. Der alte Mensch ist daher eher konservativ; alte Revolutionäre sind selten. Der alte Mensch beurteilt auch das Risiko anderer aus seiner unsicheren Gefühlslage heraus. Er macht sich Sorgen, wenn Kinder herumtollen oder gefährliche Sachen anstellen. Ich meine sogar, daß man das jeweilige Alter am Risikoverhalten oder auch an der Einstellung zum Risiko erkennen kann. In jedem Falle nimmt die Unsicherheit, »wie es weitergeht«, zu.

Im Aspekt des Sicherheitstriebes lassen sich auch bekannte Verhaltensweisen alter Menschen verstehen, etwa der Altersstarrsinn. Das »Festhalten« am Gewohnten, an traditionellen Werten und bewährten Einstellungen ist eine notwendige Sicherheitsstrategie! Der alte Mensch fühlt sich nicht mehr in der Lage, neue Unsicherheiten zu bewältigen, er muß sich an den traditionellen Gewohnheiten und Handlungsweisen orientieren.

Wie steht es aber mit dem ebenfalls bekannten Sprichwort »Alter schützt vor Torheit nicht«? Nun, der Hauptgrund für Torheit dürfte darin bestehen, daß man sich mit dem Alter nicht »abfindet«, daß man sich weiterhin jung fühlt. Wer sich aber jung fühlt, fühlt sich auch sicher. Er geht demzufolge unangemessene Risiken ein – und hat die Folgen zu tragen. Zweifellos gehen zahlreiche Verletzungen, Herzinfarkte, Unfälle alter Menschen auf das Konto eines objektiv nicht mehr gerechtfertigten Sicherheitsgefühls.

Nun ist klar, daß der alte Mensch versucht, die durch das Alter entstandene Unsicherheit abzubauen. Dabei spielt die materielle Absicherung eine zentrale Rolle. Nicht umsonst sind alte Menschen gelegentlich geizig. Sie sitzen nicht nur auf dem Geld, sie horten auch die unterschiedlichsten Güter oder Gegenstände. Dies alles ist verständlich als »Ausgleich« für die zunehmende Unsicherheit des Lebens. Früher, in traditionsgeleiteten Gesellschaften, wurde die Unsicherheit im Alter durch Ansehen und Verehrung der alten Menschen aufgefangen. Er war geborgen in der Familie und hatte – aus dieser Sicherheit heraus – noch nützliche und verantwortliche Aufgaben zu erfüllen. Dies hat sich, wie ich gleich näher ausführen werde, in unserer heutigen Gesellschaft gründlich geändert.

Gewiß: Der alte Mensch erhält heute auf andere Weise Sicherheit, nämlich durch die Altersversorgung, es fragt sich nur, ob immer ein »Ausgleich« zustande kommt. In vielen Fällen reicht die verabreichte Sicherheit nicht aus, die natürliche Unsicherheit zu kompensieren, es überwiegt die Angst.

Langeweile im Alter

In traditionsgeleiteten Gesellschaften ist die Weisheit des Alters, die gesammelte Erfahrung, von hohem Wert. Die traditionsgeleitete Gesellschaft ist ja gerade dadurch charakterisiert, daß sie sich nicht ändert, jedenfalls nicht so schnell. Das bedeutet, daß die Erfahrung der Alten dem jungen Menschen tatsächlich nützt: Er hat ja dasselbe vor sich, dieselben Berufe, dieselben Anforderungen, dieselben Sitten. In solchen Gesellschaften gibt also die Erfahrung dem alten Menschen Sicherheit und – was ganz wichtig ist – Anerkennung. Insgesamt wird man davon ausgehen können, daß der alte Mensch in früheren Jahrhunderten – in machen sogenannten primitiven Kulturen auch heute noch – einen »angemessenen« Ausgleich hatte zwischen altersbedingter Unsicherheit und altersbedingter Sicherheit.

In unserer heutigen Zivilisation ändern sich die Lebensumstände sehr rasch. Insbesondere schreitet die Technik schnell voran. Der Techniker, überhaupt der Fachmann auf irgendeinem Gebiet, ist mit 60 Jahren in der Regel »weg vom Fenster«. Eine Bestätigung hierfür ist der sogenannte Expertenservice. Als alter Fachmann muß man schon nach China oder in andere Entwicklungsländer gehen, um sein Wissen und Können nutzbringend einsetzen zu können.

Der alte Mensch erfährt somit eine doppelte Verunsicherung: Seine körperliche Leistungsfähigkeit läßt nach und läßt ihn in seinen bisherigen Tätigkeiten unsicher werden, und seine berufliche oder sonstige Qualifikation wird in einer sich schnell wandelnden Gesellschaft nicht mehr abgerufen. Das verunsichert ihn in seinem Selbstwertgefühl, ja, er fühlt sich unter Umständen verletzt.

Auf der anderen Seite bietet unsere moderne Gesellschaft dem alten Menschen weitreichende Sicherheiten. Altersversorgung, Krankenversicherung, Alterswohnheime und anderes sind an die Stelle der Geborgenheit in der Großfamilie getreten. Die materielle Absicherung im Alter ist in unserer heutigen Gesellschaft notwendig und konsequent – es erhebt sich jedoch die Frage, ob auch die Konsequenz aus dieser Sicherheit gezogen wird, die Befriedigung des Sicherheitstriebes.

In der tradtionsgeleiteten Gesellschaft hatte der alte Mensch noch durchaus wichtige und verantwortungsvolle Aufgaben zu erfüllen. Er entlastete die jüngeren Mitglieder der Großfamilie durch leichtere Arbeiten. Zudem hatte er aber auch beratende Funktionen in wichtigen Lebensfragen. Die Geborgenheit in der Familie ermöglichte so auch dem alten Menschen das Flow-Erlebnis.

Hier, meine ich, liegt ein erheblicher Mangel unserer modernen Gesellschaft. Sie gibt dem Alten zwar materielle Sicherheit, aber weder Geborgenheit noch Aufgaben mit Ernstcharakter. Meist werden nur Reize angeboten, aber keine Möglichkeiten des Unsicherheitsabbaues. Vorträge, Bildungsveranstaltungen, Besichtigungen, Kaffeefahrten etc. bieten nur selten solche Möglichkeiten. Den »Veranstaltungen« für alte Menschen fehlt der durch Verantwortung und Nützlichkeit gekennzeichnete Ernstcharakter.

Langeweile im Alter entsteht also dadurch, daß dem alten Menschen durch gesellschaftspolitische Maßnahmen zwar ein gewisses Maß an Sicherheit gegeben wird, daß er aber keine ernsthaften Aufgaben mehr zu erfüllen und damit keine angemessene Unsicherheit mehr zu bewältigen hat.

Beispiele für das Pendeln zwischen Angst und Langeweile gibt es zahlreiche. Betrachten wir einmal den Umgang mit Automaten! Oft genug kann man erleben, daß ein alter Mensch mit Automaten, beispielsweise Fahrkartenautomaten, nicht zurecht kommt. Die Folge ist, daß der Betreffende die Lust verliert, etwas zu unternehmen, er bleibt zu Hause, bleibt oft allein, verfällt in Langeweile. Hier verhält sich unsere Gesellschaft äußerst inhuman. Gedacht wird nur an die ökonomische Ersparnis durch Automaten, und nicht an die Folgen für ältere Menschen. Dabei geht die Rechnung noch nicht einmal ökonomisch auf: Die frustrierten alten Menschen bauen rascher ab, sie bedürfen früher als nötig einer oft sehr teuren Pflege.

Erträgliches Altern

Das Altern ist in jedem Falle ein deprimierendes Ereignis. Das liegt nicht nur an den zunehmenden Defiziten selbst, es liegt vor allem an der eigenen Machtlosigkeit, mit der diese hingenommen werden müssen. Dazu kommt noch der zunehmende Mangel an Anerkennung. Ist es nicht entsetzlich, wenn man von jungen Menschen – in bester Absicht! – etwa so angeredet wird: »Na Oma, komm, ich helf dir mal über die Straße«? Das »Alters-Du« sagt mehr als alle Theorien.

Um so mehr ist zu überlegen, wie sich die Erkenntnisse über den Sicherheitstrieb für das Alter nutzbar machen lassen. Hier stellen wir zunächst fest, daß der Sicherheitstrieb eine Lustquelle ist, die auch im Alter nicht zu versiegen braucht. Im Gegenteil – es spricht vieles dafür, daß dieser Trieb im Alter eine ganz besondere Rolle spielt. Die Frage ist, wie man im Alter vernünftig mit dem Sicherheitstrieb umgehen kann.

Eine erste Maßnahme dieser Art besteht darin, die tatsächliche Verunsicherung zu reduzieren. Das bedeutet, daß dem alten Menschen schwierigere, vor allem risikoreiche Tätigkeiten »abgenommen« werden. Das kann berufliche Aktivitäten betreffen, aber auch solche des täglichen Lebens wie Autofahren oder Einkaufen. Selbstverständlich ist dafür zu sorgen, daß durch Verkehrsverbindungen, Überwege, Fußwege etc. die zahlreichen Unsicherheiten unserer technischen Zivilisation abgemildert werden.

Eine zweite Maßnahme besteht in der Altersversorgung im weitesten Sinn. Diese betrifft die materielle Absicherung, aber auch die Versorgung durch soziale Dienste, gegebenenfalls durch Altenheime, Pflege etc. Beide Maßnahmen, Sicherheit im Alter zu gewährleisten, werden in unserer Gesellschaft im allgemeinen zufriedenstellend durchgeführt.

Der Mangel besteht also weniger in den Sicherheitsmaßnahmen als vielmehr in den »Unsicherheitsmaßnahmen«. Diese Notwendigkeit versteht man freilich nur, wenn man die Funktionsweise des Sicherheitstriebes erkennt. Die Neugierreize, die dem alten Menschen geboten werden, führen im allgemeinen nicht zum Flow-Erleben, deswegen gibt es ja auch im Alter durchaus Langeweile. Wie aber kann der alte Mensch seinen Sicherheitstrieb – lustvoll – befriedigen?

Eine erste Stufe der Triebbefriedigung stellt hier der Passiv-Flow dar. Auf diesem Sektor wird dem alten Menschen relativ viel angeboten – von der organisierten Busreise bis zum Fernsehen. Das Fernsehen erweist sich dabei für alte Menschen durchaus als Segen. Sie können passiven Flow erleben, ohne daß sich der Mangel an Aktivität so nachteilig auswirkt wie bei jungen Menschen. Dennoch reicht der Passiv-Flow auch im Alter nicht aus. Eine intensive Befriedigung des Sicherheitstriebes läßt sich ohne Aktivität und Ernstfallcharakter nicht erreichen. Diese Bedingungen sind nur in der aktiven Exploration gegeben, wobei die abzubauende Unsicherheit weniger im Risiko besteht, als in der Problemlösung. Wir haben ja schon darauf hingewiesen, daß man sowohl in der Arbeitswelt als auch beim Spiel seine explorativen Potentiale auch ohne die spezielle Form des Risikos einsetzen kann. Auch der alte Mensch kann (noch) aktiven Flow erleben – zumindest im mittleren

Bereich. Beispiele für solche Aktivitäten, insbesondere auch solche mit Ernstcharakter, sind etwa handwerkliche Arbeiten, Betreuung von Enkeln, Arbeit in Vereinen, Aufgaben in der Kommunalpolitik, künstlerische oder soziale Tätigkeiten.

Insgesamt kann man sagen, daß alte Menschen in all den Bereichen (noch) etwas leisten und dabei Flow erleben, in denen Erfahrung nützlich ist, in denen sich also wenig ändert: In den Bereichen menschlichen Handelns. So eignen sich alte Menschen hervorragend als Moderatoren, Mentoren und Berater in allen Institutionen der Bildung und Führung, als »Senatoren« im besten Sinne des Wortes.

Auf diese Weise kann der alte Mensch auch Anerkennung erhalten, Anerkennung, die ihm unsere gegenwärtige Gesellschaft weithin vorenthält.

Auf keinen Fall darf man Anerkennung dadurch erzwingen, daß man das Alter ignoriert. Wenn man so tut, als ob man noch jung wäre, geht man gemäß dem Sicherheits-Risiko-Gesetz erhebliche objektive Risiken ein. Und die Bewunderung, die alte Menschen dadurch ernten, daß sie das oder jenes noch können – »Sieh mal, was der Alte noch alles kann!« – besagt im Grunde das genaue Gegenteil.

Totale Sicherheit –
totales Risiko

Totales Risiko durch Glauben

Die totale Unsicherheit des Menschen

Sicher – der Mensch hat sich schon immer gefragt, was er erkennen kann, was er tun soll, was er »ist«. Bringt die Verhaltensbiologie hier einen neuen Gedanken ein, eine neue Sichtweise oder gar eine neue Erkenntnis? Die Antwort heißt eindeutig »ja«. Die Verhaltensbiologie führt zu einer höheren Stufe der Reflexion und damit zu einer erweiterten Sicht.

Die hohe Reflexionsstufe kommt dadurch zustande, daß die Verhaltensbiologie den Menschen als Produkt der Evolution begreift. Das bedeutet einmal, daß der Mensch sich, wenn man das Leben auf unserer Erde überhaupt betrachtet, in Jahrmilliarden, wenn man »nur« die Abstammung des Menschen betrachtet, in Jahrmillionen entwickelt hat. Das bedeutet zum zweiten, daß der Mensch sich als Mutation mit Reflexionsfähigkeit zu verstehen hat, also als ein Wesen, das auf sich selbst, auf seine eigenen Gefühle, Gedanken, Handlungen, reflektieren kann. Beides zusammengenommen bedeutet, daß der Mensch ein Stück Natur ist, das auf sich selbst reflektiert. Will man aber über ein sich selbst reflektierendes Naturwesen etwas aussagen, muß man beide Komponenten zusammen sehen, man muß auf das sich reflektierende Naturwesen reflektieren.

Ich will diese abstrakte Überlegung anhand sehr einfacher Beispiele verdeutlichen. Immer noch gibt es – gut gemeinte – Sprüche, wie »Der Natur zuliebe« oder »Rettet den Wald«.

Hier zeigt sich noch immer die Arroganz des unreflektierten, sich selbst überschätzenden Menschen. Man stellt sich die Natur sozusagen gegenüber, so als ob es sich um einen Gegenstand handelte, den man retten kann oder auch nicht. In Wirklichkeit geht es um die Rettung des Menschen selbst. Die Aussage »Erst stirbt der Wald, dann stirbt der Mensch« trifft den Sachverhalt schon besser. Entscheidend ist, daß sich der Mensch als derjenige reflektiert, der durch sein unvernünftiges Verhalten, beispielsweise durch unmäßige Vermehrung und unmäßige Ansprüche, die Natur zerstört und damit sich selbst.

Ein anderes Beispiel bezieht sich auf das Erkenntnisvermögen. Der Mensch gewinnt ja nicht nur Erkenntnisse über die Welt, er reflektiert sich auch selbst als erkennendes Wesen. So fragt er nach dem Ursprung der Erkenntnis, nach deren Möglichkeiten und Grenzen. Die Verhaltensbiologie geht einen Schritt weiter. Sie reflektiert den Menschen als einen mit einem Sicherheitstrieb ausgestattetes Wesen, das »getrieben« wird, durch Erkenntnisse Sicherheit zu gewinnen. Damit rücken aber auch die lebensbedrohenden Folgen dieses Sicherheitstriebes, nämlich die letztlich totalen und globalen Risiken ins Bewußtsein. Von dieser Reflexionsstufe aus gesehen erweist sich dann Erkenntnis nicht mehr als höchster Wert schlechthin, als die Krone menschlicher Existenz. Erkenntnis wird zur Triebbefriedigung, die, wenn man sie nicht reflektiert, zur Vernichtung des Menschen führen kann. »Die Erkenntnis schreitet fort«, »Der Fortschritt ist nicht aufzuhalten«, sind Slogans eines unreflektierten, naiven Menschenbildes.

Ein weiteres Beispiel ist der Glaube. Dem Verhaltensbiologen geht es dabei nicht um den Glauben als solchen, es geht ihm um die Frage, warum viele Menschen glauben, warum es Religionen gibt oder gar ein »religiöses Bedürfnis« – und es geht ihm um die Konsequenzen des Glaubens für den einzelnen und die Menschheit. Ich werde auf diese Frage gleich zurückkommen; zunächst möchte ich versuchen, den Menschen als reflektierendes Naturwesen auf seine Unsicherheiten hin zu reflektieren.

Es ist eigentlich klar, daß ein »Tier«, das bisher vollständig zur Natur gehörte und dann plötzlich über Reflexionsfähigkeit verfügt, sich verwundert umschaut. Da es aus der Sicherheit des

Instinkts entlassen ist, enthält die Umwelt viel Information. Alles ist unbekannt und muß erst erforscht werden. Lorenz hat das treffende Bild geprägt, daß der Mensch von der Evolution unter die Arme gefaßt, auf die Füße gestellt und dann fallengelassen worden sei. Das trifft den Sachverhalt genau: Der Mensch ist das fallengelassene Wesen, er ist aus dem Determinismus des Tieres entlassen, hat gewissermaßen seinen Kopf aus der Natur herausgestreckt und Entscheidungsfreiheit gewonnen. Genau das macht ihn unsicher. Es stürmen so viele Informationen auf ihn ein, es werden so viele Entscheidungen von ihm gefordert, daß er mit allen Mitteln versuchen muß, Sicherheit zu gewinnen. Aber er muß nicht nur durch Lernen und Denken die Unsicherheiten seiner Umwelt abbauen, er reflektiert sich ja selbst auch noch mit all seinem Denken und Handeln. So kann der Mensch gar nicht umhin, die Frage nach sich selbst zu stellen, nach dem Woher, Wohin und Warum.

Das Fatale ist nun, daß der Mensch diese Fragen mit seinem evolutionär gewordenen Denkapparat nicht beantworten kann. Die Evolution hat dafür gesorgt, daß er in seinem engen Lebensraum und seiner begrenzten Lebenszeit ganz gut zurechtkommt. Er denkt logisch, sucht nach Ursachen und überlegt Folgen, aber er ist nicht für die Unendlichkeit ausgerüstet oder für die Ewigkeit. Dies zeigt sich schon bei der Frage nach dem »Anfang«. Jeder Anfang führt zwangsläufig zu der Frage: Was war vorher? – vor dem Urknall, vor dem Universum, vor dem lieben Gott?

Besonders frustrierend ist die Unmöglichkeit, die Zukunft zu erkennen. Der Mensch weiß nur, daß die Zeit »weiter schreitet«, daß es »weiter geht«, aber er kann grundsätzlich nicht wissen, was die Zukunft »bringt«. Das Wissen um die Zukunft als solche, verbunden mit dem Unwissen über die kommenden, auch über den Tod hinausgehenden Ereignisse versetzt den reflektierenden Menschen zwangsläufig in den Zustand totaler Unsicherheit.

Dasselbe gilt für die Frage nach dem Warum, nach dem Sinn des »Ganzen«. Im Rahmen des evolutionär gewordenen Denkapparates ist die Frage nach dem Sinn grundsätzlich beantwortbar: Der Sinn wird stets durch einen übergeordneten Zusammenhang vermittelt. Der Sinn der Beine ist die Fortbewegung, der Sinn der Fortbewegung ist Nahrungssuche, Überleben etc. Das Ganze läßt sich aber nicht mehr einordnen, für das Ganze gibt es keinen Sinn (mehr).

Halten wir fest: Die Unsicherheit des reflektierenden Menschen ist zwangsläufig total. Er kann nicht wissen, woher er stammt, wann er stirbt, was nach dem Tode kommt, warum er überhaupt lebt. Seine Unsicherheit ist unaufhebbar, sie verursacht dauerhafte Angst, Beklemmung, Verzweiflung. Es ist verständlich, daß er diesem Zustand zu entrinnen versucht.

Totale Sicherheit durch Glauben

Die totale Unsicherheit des Menschen ist eine Folge seiner Reflexionsfähigkeit. Kein Tier muß diese furchtbare Angst erleiden. Das Tier weiß nicht um sich selbst, um den Tod, um Zeit und Ewigkeit. Die Unsicherheit des Tieres betrifft Ereignisse, die sein Leben bedrohen, aber nicht das Phänomen des Lebens als Ganzes. Das Tier kann gar nicht von seinem Leben sprechen, auch wenn es sprechen könnte; es lebt, aber es »hat« kein Leben im Sinne eines Besitzes. Das bedeutet: Das Tier kann im Leben immer wieder Sicherheit erreichen, es kann seinen Sicherheitstrieb befriedigen.

Die Reflexionsfähigkeit des Menschen führt ihn zur totalen Unsicherheit, seine Natur aber unterliegt dem evolutionären Prinzip der Sicherheit. Das ist die besondere, ja die entsetzliche Situation des Menschen: Durch die totale Unsicherheit kann er seinen Sicherheitstrieb nie befriedigen. Alle anderen Triebe kann er befriedigen und ihnen noch zusätzliche Lust entlocken, der Sicherheitstrieb bleibt unerfüllt.

Die Situation kann er nur so bewältigen, daß er die totale Unsicherheit durch eine ebenso totale Sicherheit abbaut. Mit einer relativen Sicherheit läßt sich die totale Unsicherheit nicht abbauen – sie bleibt total. Wenn man von einer unendlichen Menge eine noch so große endliche Menge abzieht – sie bleibt unendlich. So ist der Glaube an ein ewiges Leben, insbesondere der Glaube an einen Schöpfer, an einen Vater im Himmel, die einzige Möglichkeit, die totale Unsicherheit aufzuheben. Nur der Glaube an ein ewiges Leben im Jenseits kann die Frage nach dem Woher und Wohin beantworten. Nur durch den Glauben kann man sein Leben in einen größeren Zusammenhang einordnen und ihm (als ganzes) Sinn verleihen.

Es ist somit völlig richtig, von einem »religiösen Bedürfnis« des Menschen zu sprechen. Es handelt sich dabei um die zum Leben notwendige Sicherheit, die angesichts der totalen Unsicherheit des Menschen nur durch den Glauben erreicht werden kann. Das religiöse Bedürfnis erweist sich als die nur für den reflektierenden Menschen typische Erfüllung des Sicherheitstriebs. Es findet sich daher, wenn auch in unterschiedlichen Formen, bei allen Menschen, und es muß im Zuge der Entwicklung der Reflexionsfähigkeit schon in frühen Kulturen vorhanden gewesen sein.

Faßt man Religion auf als die für den Menschen typische Verwandlung totaler Unsicherheit in totale Sicherheit, so ist klar, daß alle einzelnen Religionen einen gemeinsamen Kern haben müssen: Die Sicherheit des ewigen Lebens und damit die Vorstellung eines ewig währenden Jenseits. Nur so kann man absolute Sicherheit oder gar Geborgenheit erlangen, nur so empfindet man die Unsicherheit nicht mehr, so wie man einen Schmerz nicht mehr empfindet.

Hans Küng (1988) schreibt in seinen »Zwanzig Thesen zum Christsein«: »Was heißt religiös sein? Ein Rückgebundensein... an ein Absolutes: Im Horizont eines absoluten Sinn-Grundes leben.« Aber: Das kann auch ein Buddhist oder Hindu, ein Moslem oder Jude, das kann auch ein weltfrommer Pantheist oder ein skeptischer Deist, ein spiritualistischer Mystizist, ein Anhänger irgendeiner transzendentalen Meditation (Yoga oder Zen) oder auch einfach der Durchschnittsmensch mit religiösen Gefühlen.

Küng geht es um das Unterscheidbare – »Was also ist das unterscheidend Christliche?« –, mir geht es um das Gemeinsame: um die Funktion der Religion als Herstellung absoluter Sicherheit durch Glaube. Ich behaupte, daß in der Herstellung absoluter Sicherheit der Kern aller Religionen besteht – sei es die christliche, seien es fernöstliche, Naturreligionen oder andere.

Natürlich findet sich dieser Kern auch in der christlichen Religion, im Glauben an den Schöpfergott, an den Vater im Himmel. In Johannes 3,16 steht: »Denn also hat Gott die Welt geliebt, daß er seinen eingeborenen Sohn gab, auf daß alle, die an ihn glauben, nicht verloren werden, sondern das ewige Leben haben.«

Hans Küng faßt zusammen: »Der Tod wird nicht rückgängig gemacht (keine Wiederbelebung eines Leichnams), sondern definitiv überwunden (Eingang in ein ganz anderes, unvergängliches, ewiges, ›himmlisches‹ Leben). ... Der Glaubende weiß: Tod ist Durchgang zu Gott. ... Von Jesus als dem Gekreuzigten her also hat der Mensch die Gewißheit.«

Auch in den fernöstlichen Religionen ist der Tod immer der Übergang zu neuer Existenz. Diese mündet schließlich in der Erlangung der Unsterblichkeit, in einer ewigen Fortexistenz, in Schmerzlosigkeit und Seligkeit. Doch wie auch immer dieser Zustand beschrieben werden mag, der Kern wird deutlich: Der Mensch kann sicher sein, daß er ewig lebt. In den Naturreligionen sind die Vorstellungen vom Paradies im einzelnen verschieden, je nach Lebensweise des Naturvolkes, in jedem Falle aber ist das ewige Leben gesichert, der Tod ist der Übergang zum ewigen Leben.

Das Bedürfnis nach Sicherheit ist so groß, daß viele Menschen ohne weiteres bereit sind, sich über »irdische« Erfahrungen hinwegzusetzen, etwa beim Auferstehungsglauben oder der Jungfrauengeburt von Maria. Sie nehmen nicht Begreifbares in Kauf – der Ratschluß des Herrn ist unerforschlich –, sie glauben, weil nur der Glaube ihnen die Sicherheit gibt, die sie zum Leben brauchen.

Ich will hier nur andeuten, daß der Mensch, der darauf angewiesen ist, seine Sicherheit durch Glauben zu gewinnen, dadurch auch steuerbar wird. Diejenigen, die ihm versprechen, Sicherheit zu gewähren, ewiges Leben, Geborgenheit und vielleicht auch noch Lust, können alles von ihm haben: Gehorsam, Kampf, Unterwerfung, Gefolgschaft.

Der Glaube wird mit allen Mitteln verteidigt. Derjenige, der den Glauben antastet, wird aggressiv angegangen oder vernichtet. Auch das ist verständlich: Der Ungläubige nimmt ja dem

Gläubigen unter Umständen seine Sicherheit, er bedroht ihn mit totaler Unsicherheit.

Totales Risiko durch Glauben

Je sicherer man sich fühlt, haben wir festgestellt, desto größere objektive Risiken geht man ein. Entscheidend ist, daß es sich um objektive Risiken handelt, subjektiv werden sie ja nicht als solche erlebt. Wer weiß, daß ihm nichts passieren kann, wagt alles – für ihn selbst ist es ja kein Wagnis. Fühlt man sich absolut sicher, ist das Risikobewußtsein verschwunden.

Hier liegt die Gefahr der totalen Sicherheit: Wer sich nicht nur seines irdischen Lebens sicher ist, sondern auch noch des ewigen Lebens, der hat nichts mehr zu befürchten, für den gibt es kein Risiko mehr. Gleichgültig, welcher Religion jemand angehört – der sichere Glaube nimmt jedes Risiko weg. Mit dem Gebet auf den Lippen hat der Tod seine Schrecken verloren, man kann sich jeder Gefahr aussetzen, in die Schlacht ziehen, ja, sich selbst opfern. Mit gesegneten Waffen läßt sich furchtlos kämpfen, der »heilige« Krieg garantiert ewiges Leben und ewigen Ruhm.

Der Verlust des Risikobewußtseins läßt objektive Risiken nicht (mehr) erkennen. Man kann sich ungehemmt vermehren, man kann seinem Streben nach Sieg und Macht freien Lauf lassen; es wird durch keine Angst gebremst.

Gibt die Glaubensgeschichte des Menschen dieser Erkenntnis nicht recht? Wieviel Gewalt wurde im Namen des Glaubens verübt, wieviele Kriege geführt, wieviele Menschen wurden gefoltert, gequält, verfolgt, umgebracht? Totale Sicherheit führt zum totalen Risiko und ungehemmter Aggression. Nicht der Glaube garantiert den Frieden – im Gegenteil: Die absolute Sicherheit des Glaubens verringert die Chance für den Frieden.

Allerdings erwies sich in unserer bisherigen, von Aggression und Gewalt beherrschten Menschheitsgeschichte der sichere Glaube als »Selektionsvorteil«: Glaubenskrieger haben keine Angst, sie sind tapfer bis zur Selbstaufgabe. Dadurch sind sie den »Ungläubigen« überlegen, sie sind, wenn sie überleben, die Sieger und fühlen sich erst recht in ihrem Glauben bestätigt.

Gewiß – die Religionen haben ihre Moral. Die religiösen Gebote schränken die Handlungsfreiheit ein – aber ist dies nicht gerade ein Beweis dafür, daß die Gesicherten der Einschränkung bedürfen?

Die bisherigen Überlegungen gelten für die totale Sicherheit des Glaubens schlechthin. Wenden wir uns nun den speziellen Konsequenzen eines Schöpfergottes zu. Wer an Gott als Schöpfer der Welt und des Menschen als seinem Ebenbild glaubt, versteht sich im Grunde als »Außerirdischer«. Er ist von Gott in die Welt gesetzt mit einem besonderen Auftrag, einer besonderen Aufgabe. Er hat die Welt zur Verfügung bekommen und ist für sein Tun in dieser Welt dem Schöpfer gegenüber verantwortlich. Seine Verantwortung gegenüber den anderen Menschen und auch gegenüber den Tieren ergibt sich daraus, daß sie Mitgeschöpfe sind. Im Grunde steht der Mensch immer direkt in Verantwortung zu Gott, wie es ja auch in der Präambel des Grundgesetzes steht und in den Verfassungen mehrerer Bundesländer.

In der Schrift der Deutschen Bischofskonferenz »Verantwortung wahrnehmen für die Schöpfung« (1985) wird folgendes ausgesagt: »Der Mensch ist selbst Teil der Schöpfung, seine Verfügungsgewalt ist begrenzt, die Schöpfung ist ihm nicht zur beliebigen Verwertung, Ausbeutung und Ausnutzung überlassen. Er trägt vielmehr Verantwortung für die Mitgeschöpfe, für Tiere, Pflanzen und die leblose Natur in einem Leben, das er vor Gott führt.«

Aber: Als Geschöpf Gottes steht man außerhalb der Natur. Das wird von den Christen auch immer wieder betont. Die Welt, die Natur, die Tiere sind dem Menschen »anvertraut«. Dies bestätigt die Vorstellung, daß der Mensch außerhalb der Natur steht – sonst könnte ihm diese ja nicht anvertraut werden.

Heute, angesichts der lebensbedrohenden Umweltzerstörung, sprechen die Christen von der »Bewahrung der Schöpfung«. Dieser Ausdruck zeigt, daß sich an der Vorstellung vom Menschen als einem besonderen Geschöpf Gottes, dem die Schöpfung anvertraut ist und der sein Handeln gegenüber dem Schöpfer verantworten muß, nichts geändert hat: Er ist derjenige, der im Grunde der Ewigkeit angehört und mit der Welt umgehen kann. Dabei ist es gar nicht entscheidend, ob er sich die Erde untertan macht, entscheidend ist, daß er als Geschöpf Gottes außerhalb der Welt steht, daß er die Welt als einen Gegenstand außerhalb seiner selbst sieht.

Kann der Mensch als Außenstehender, als einer, der sich als Kind Gottes in absoluter Sicherheit fühlt, nicht alles mögliche mit dieser Welt tun? Kann ihm als Geschöpf Gottes überhaupt etwas passieren? Haben diejenigen nicht doch recht, die meinen, es sei ja alles nicht so schlimm, denn der Herr habe uns geschaffen und werde uns schon nicht fallenlassen?

Meine christlichen Gesprächspartner, mit denen ich über diesen Ausspruch diskutiert habe, sagten zum großen Teil, daß das ein Mißverständnis des christlichen Glauben sei. Gerade der Christ habe eine besondere Verantwortung, ihm sei die Schöpfung anvertraut, und er sei daher seinem Schöpfer für sein Fehlverhalten verantwortlich. Gut – aber was passiert denn, wenn der Mensch seiner Verantwortung nicht gerecht wird, wenn er die Welt tatsächlich zerstört? Wird ihm nicht doch vergeben? Bleibt ihm als ebenbildliches Geschöpf Gottes nicht dennoch das ewige Leben?

Der Nichtgläubige sieht die Situation anders: Auch er begreift sich als etwas Besonderes, nämlich als eine evolutionär gewordene Mutation mit Reflexionsfähigkeit. Mit dieser blickt er erstaunt und verwirrt auf die Natur, der er selbst angehört und auf sich selbst. Er ist einerseits erfreut darüber, daß er die Lust am Leben bewußt erleben kann, aber er ist traurig darüber, daß dies nur von kurzer Dauer ist. Er ist zutiefst verunsichert, da er die Sicherheit des Instinkts weitgehend verloren hat und die Erkenntnis der Welt sich als schwierig und begrenzt erweist. Da er aber keine Alternative hat, ist er vorsichtig, ängstlich. Er weiß sich von der Natur abhängig und muß sie deswegen bewahren. Er bewahrt nicht die Schöpfung, er bewahrt sich selbst, sein eigenes und einziges Leben. Für ihn heißt Zerstörung der Natur Zerstörung von sich selbst und seines einzigen Lebens. Ja, er ist unsicher. Deswegen will er Sicherheit und Frieden, deswegen riskiert er nur das, was er bewältigen kann, deswegen wehrt er sich gegen die Zerstörung der Natur, gegen leichtfertige Risiken, gegen die Bedrohung seines Lebens durch die Risiken der Geborgenen.

Folgendes möchte ich klarstellen: Ich sage nicht, daß aus dem (christlichen) Glauben folgt, man könne mit der Umweltzerstörung so weiter machen, der Herr wurde es schon richten. Im Gegenteil: Der Christ hat in seiner Verantwortung vor Gott die Schöpfung zu erhalten und nicht zu zerstören. Und ich stelle auch – zu meiner Freude – fest, daß die Kirchen sich durchaus für die Umwelt engagieren. Der Christ kann sich sogar mit besonderem Risiko engagieren – ebenfalls aus der Sicherheit des Glaubens heraus. Auch dafür gab und gibt es Beispiele: Missionare bei den »Eingeborenen«, Demonstrationen gegen Kernkraft.

Aber: Gilt dieses Engagement auch für andere totale und globale Risiken unserer Zeit, beispielsweise für die Übervölkerung?

Das ist es eben: Wofür sich der Gläubige auch engagieren mag – es fehlt ihm das Risikobewußtsein. Er fühlt sich bei allem, was er tut, letztlich in Sicherheit – auch dann, wenn er objektive Fehler macht. Vor kurzem sagte ein Pfarrer im »Wort zum Sonntag«, daß wir zu »allertiefst« geborgen seien, »auch wenn wir einmal etwas Verkehrtes machen«. Wie sagt Christus »von der falschen und rechten Sorge«: »Macht Euch also keine Sorgen und fragt nicht: Was sollen wir essen? Was sollen wir trinken? Was sollen wir anziehen?, denn um all das geht es den Heiden. Euer himmlischer Vater weiß, daß ihr das alles braucht. Euch aber muß es zuerst um sein Reich und um seine Gerechtigkeit gehen; dann wird Euch alles andere dazu gegeben.«

Und in dem Hymnus »Te Deum« heißt es: »Auf Dich, Herr, habe ich vertraut, und ich werde in Ewigkeit nicht zu schanden.«

Es gibt noch andere Formen, sich in Sicherheit zu wiegen: Eine besonders gefährliche ist die Wissenschaftsgläubigkeit; dieser wende ich mich jetzt zu.

Totales Risiko durch Wissenschaftsgläubigkeit

Relative Sicherheit durch Wissenschaft und Technik

Der Mensch hat im Zuge seiner Anpassung an die Umwelt eine besonders effektive Fähigkeit bekommen: die Erkenntnisfähigkeit. Mit dieser kann er die einzelnen Fakten und Ereignisse im Zusammenhang sehen, er kann Gesetze und Regeln erkennen. Hat er einen Zusammenhang erkannt, beispielsweise zwischen einem Krankheitserreger und einer Krankheit, kann er die Ereignisse verstehen, er kann sich darauf einstellen, er kann sich absichern und die Erkenntnisse nutzen.

Erkenntnisse leisten einen zentralen Beitrag zur Sicherheit – zumal wir ja davon ausgehen können, daß wir mit unseren Erkenntnissen die Wirklichkeit auch tatsächlich kennenlernen. Erkenntnisfähigkeit ist schließlich ein evolutionäres Produkt und unterlag viele Millionen Jahre hindurch der Selektion.

Wissenschaft ist die systematische Methode zur Gewinnung von Erkenntnissen. Sie läßt sich in aller Kürze so beschreiben: Ein Problem gibt Anlaß, Beobachtungen zu machen und Daten zu sammeln. Die Daten geben wiederum Anlaß, allgemeine Hypothesen aufzustellen, das sind Ansätze oder Vermutungen, mit denen ein Wirklichkeitsbereich erklärt werden soll. Die Hypothesen müssen in ihrer Gesamtheit widerspruchsfrei sein, dann können mit Hilfe logischer Regeln allgemeine Aussagen aufgestellt werden. Wissenschaftliche Aussagen müssen somit eine doppelte Bedingung erfüllen: Sie müssen logisch aus Hypothesen abgeleitet und durch Experimente oder Beobachtungen nachgeprüft werden können. Erweist sich eine Aussage als falsch, so müssen die zugrunde liegenden Hypothesen abgeändert werden.

Die ständige Kontrolle ist also ein wesentlicher Bestandteil der wissenschaftlichen Methode. Erweist sich eine Aussage als falsch, wird also die Theorie »falsifiziert«, müssen weitere, verbesserte Erklärungsversuche unternommen werden. Ist die Theorie – im Augenblick – nicht widerlegt, kann man sie, wie Popper so trefflich formuliert, »weiter verwenden«.

Wissenschaftliche Aussagen unterliegen also einzig und allein den Kriterien der Logik und der Empirie, sie sind damit unabhängig vom Forscher, sie sind »objektiv«. »Die sogenannte Objektivität der Wissenschaft«, sagt Popper (1972), »besteht in der Objektivität der kritischen Methode; vor allem darin, daß keine Theorie von der Kritik befreit ist, und auch darin, daß die logischen Hilfsmittel der Kritik – die Kategorie des logischen Widerspruchs – objektiv sind.«

Leider gibt auch die methodische Anwendung unserer angeborenen Erkenntnisapparates , insbesondere der evolutionär gewordenen Logik, keine Garantie dafür, daß wir die Probleme richtig lösen und die Zusammenhänge richtig erkennen. Der Mensch kann sich – auch als Wissenschaftler – irren. Einstein sagt zu Recht: »Wissenschaft ist das Ergebnis eines äußerst mühsamen Anpassungsprozesses: hypothetisch, niemals ganz endgültig, immer Gegenstand von Fragen und Zweifeln.« (Nach Melcher, 1988)

Mit der Wissenschaft kann der Mensch also nur eine relative Sicherheit erreichen. Aber diese relative Sicherheit ist der Strohhalm, nach dem diejenigen greifen, die nicht zum Glauben greifen (können). Im übrigen hat sich dieser Strohhalm ganz gut bewährt. So leben wir doch mit den Erkenntnissen der Biologie und Medizin besser und vor allem länger als ohne diese. Nicht umsonst suchen die meisten Menschen unseres Kulturkreises bei Krankheit einen Arzt auf, nicht einen Wunderheiler, Teufelsaustreiber oder Gesundbeter. Gewiß ist auch die Psychologie nicht frei von Irrtümern, dennoch hat sie zur Sicherheit menschlichen Handelns mehr beigetragen als Götterkulte oder Geisterbeschwörung. Auch die Wettervorhersagen haben sich – trotz gelegentlicher oder auch häufiger Irrtümer – gegenüber früherer Methoden, beispielsweise der Beobachtung von Fröschen, insgesamt verbessert.

Die Wissenschaft liefert uns, wie wir gesehen haben, relative Sicherheit: Mit Hilfe der Wissenschaft können wir Ereignisse voraussehen und einkalkulieren, wir können planen und Neues in Angriff nehmen. Wissenschaft hat aber – und das muß man ganz klar sehen – ihre eindeutigen und unumstößlichen Grenzen, gleichgültig wie weit wir Wissenschaft noch vorantreiben können.

Die Grenzen liegen im Erkenntnisapparat selbst. Auch methodisch gewonnene Erkenntnisse können die Fragen nach dem Woher, Wohin oder Warum nicht beantworten. Ja, Wissenschaft kann nicht einmal Ziele setzen. Eine wissenschaftliche Aussage ist immer eine Aussage über Bestehendes, über einen »Ist-Wert«. Ziele setzen, heißt aber Soll-Werte setzen, Entscheidungen treffen. Soll-Werte wie etwa »Der Mensch soll keine Gewalt anwenden«, »Der Mensch soll die Umwelt für kommende Generationen erhalten« etc. sind Postulate, Wünsche, Vorstellungen – es sind keine wissenschaftlichen Aussagen.

Halten wir fest: Wissenschaft als methodische Erkenntnisgewinnung liefert uns relative Sicherheit für unser Leben. Die Wissenschaft muß ständig mit Irrtümern rechnen und kann keine Antworten geben auf die Frage nach einem Jenseits, nach dem Sinn des Lebens oder auch nur nach den Zielen unseres Handelns. Bei so viel Unsicherheit sollte sich auch das Risiko des Menschen in Grenzen halten. Von einer absoluten Sicherheit durch Wissenschaft kann jedenfalls keine Rede sein. Das weiß niemand besser als der Wissenschaftler selbst, der Forscher, der die Unsicherheit seiner Ergebnisse immer wieder selbst erlebt. Es ist daher auch gar nicht verwunderlich, daß gerade bedeutende und erfolgreiche Wissenschaftler sich zu einem Glauben bekennen. Die Wissenschaft kann den Sicherheitstrieb nie vollständig befriedigen. Das kann nur der Glaube.

Man kann freilich auch diesen Sachverhalt noch reflektieren: Man kann sich als denjenigen sehen, der den Glauben braucht, weil er mit der Unsicherheit nicht leben kann. Wenn man allerdings das Motiv des Glaubens kennt, wird dieser selbst unglaubwürdig.

Wissenschaftsgläubigkeit aus Arroganz

Die Wissenschaft gibt uns nur relative Sicherheit. Aber eine andere, an der Wirklichkeit orientierte Sicherheit haben wir nicht. Es bleibt uns somit als reflektierendes Produkt der Evolution nichts anderes übrig, als mit größter Vorsicht Schritt um Schritt unsere Erkenntnis von der Welt und uns selbst zu erweitern. Jede unangemessene Sicherheit, die wir uns aufgrund unserer Ängste und Frustrationen verschaffen, erhöht das objektive Risiko und vermindert unsere Überlebenschance. Leider verfällt der Mensch immer wieder in den Fehler, sich auf irrationale Weise Sicherheit zu verschaffen. Dazu gehört die Wissenschaftsgläubigkeit. Sie ist eine Folge von Arroganz oder Ignoranz. Im folgenden betrachten wir die Wissenschaftsgläubigkeit aus Arroganz.

Arroganz ist eine bequeme Art der aggressiven Triebbefriedigung. Man erhebt sich über andere, verschafft sich Ansehen, höheren Rang. Überheblichkeit verleitet aber auch dazu, sich sicherer zu fühlen als es den Tatsachen entspricht und dadurch objektive Risiken einzugehen. Nun ist Arroganz im privaten Lebensbereich für andere zwar unangenehm, aber im allgemeinen nicht gefährlich. Das Risiko trägt allein der Arrogante. Der arrogante Wissenschaftler, Techniker, Fachmann jeder Art wird hingegen zur Gefahr für viele, ja, sieht man auf die »Großgefahren« (Beck, 1989) eventuell für die ganze Menschheit.

Über eine mögliche atomare Katastrophe schreibt Ulrich Beck (1989): »Denn an die Stelle der Nachsorge, die Sicherheit auch in der Gefahr verbirgt, tritt das Dogma technischer Irrtumslosigkeit, das der nächste Unfall widerlegt. Hüter des Tabus wird die Königin des Irrtums, die Wissenschaft. Nur ›kommunistische‹ Reaktoren, nicht aber deutsche, sind empirische Gebilde von Menschenhand.«

Dieselbe Überheblichkeit findet sich bei einigen Gentechnologen. Sie haben garantiert »alles im Griff«. Sie konstruieren Ackerpflanzen, die jedem Unkraut gewachsen sind, Viren, die unseren Abfall fressen usw. Dabei sind sich die Forscher ihrer Sache so sicher, daß sie ihre Versuche immer weiter ausdehnen. Kennt man wirklich die Folgen derartiger Genmanipulationen? Kann man die Nebenwirkungen tatsächlich absehen? Liegt hier nicht eine Wissenschaftsgläubigkeit vor, die unabsehbare Risiken zur Folge hat?

Tatsächlich ist es paradox und ganz besonders verantwortungslos, wenn ausgerechnet Wissenschaftler und Techniker behaupten, ihrer Sache sicher zu sein. Wie oft schon wurde behauptet, ein chemisches Produkt – ein Spraygas, ein Medikament, ein Holzschutzmittel – sei »unschädlich«, und wenig später mußte es vom Markt genommen werden. Ähnliche optimistische Expertenmeinungen gibt es auch schon über den Treibhauseffekt: Er wird uns zum Heile.

Logischerweise kann der Überhebliche keine Fehler eingestehen, das widerspräche ja seiner Methode. Wenn sich also seine Sicherheit tatsächlich als ungerechtfertigt erwiesen hat, wenn schwerwiegende schädliche Folgen eingetreten sind, dann werden diese vertuscht, heruntergespielt oder anderen in die Schuhe geschoben. Gängige Floskeln sind etwa: »Die schädliche Menge liegt unterhalb der zulässigen Grenze«, »Eine Gefährdung der Bevölkerung hat zu keiner Zeit bestanden«, und so weiter. Vor kurzem wurden die durch sauren Regen zustande gekommenen Waldschäden dadurch kaschiert, daß man die bisherige Schadstufe 1 (bis zu 25 Prozent geschädigt) als (noch) gesund deklarierte. Läßt sich ein Schaden überhaupt nicht mehr leugnen, so findet sich immer jemand, dem man »menschliches Versagen« anlasten kann.

Warum haben arrogante Experten immer wieder leichtes Spiel? Die Antwort ist klar: Experten, die Sicherheit versprechen, sind besonders beliebt. Auf der Grundlage von Sicherheit kann man ja weiter fortschreiten, kann man seine Wünsche nach Wohlstand und Luxus risikofrei erfüllen.

Es gibt noch eine andere Form von Wissenschaftsgläubigkeit aus Arroganz, die Dogmatisierung des Wissenschaftsbegriffes. Das funktioniert so: Man setzt sich über die (evolutionären) Kontrollkriterien Logik und Empirie hinweg und erklärt eine politische Ideologie zur Wissenschaft. Der Vorteil liegt auf der Hand. Die Ideologie wird mit dem Prestige von Wissenschaft ausgestattet und erhält dadurch – zumindest in den Augen der vielen Laien – ein hohes Maß an Vertrauen, Glaube, Sicherheit.

Ein Beispiel hierfür ist der sogenannte wissenschaftliche Sozialismus. Er setzt sich mit der »Dialektik« über grundlegende Regeln der Logik hinweg und schirmt sich so gegen jede Verunsicherung ab. Die Folgen waren und sind verhängnisvoll. Das Dogma – und damit die Sicherheit – des wissenschaftlichen Sozialismus führte (und führt) zum Abbau von Leistung, zu Unterdrückung, Gewalt und Terror.

Betrachten wir folgenden Fall: Jemand sitzt, ohne es zu wissen, in einem thermostatisch beheizten Raum. Er möchte gerne ein Abkühlung und öffnet zu diesem Zweck das Fenster. Kalte Luft strömt herein und bringt ihm die erwünschte Abkühlung. Gleichzeitig aber registriert auch der Meßfühler des Thermostaten den Temperaturrückgang. Er meldet dies dem Regler, dieser gibt den Befehl zum Aufheizen. Schließt der Betreffende das Fenster wieder, ist es heißer als zuvor.

Das Beispiel zeigt, wie Wissenschaftsgläubigkeit aus Ignoranz funktioniert: Man glaubt aufgrund seines bisherigen Wissens – in diesem Fall: »Abkühlung durch Öffnen des Fensters« – das richtige zu tun. Tatsächlich aber greift man – unwissend – in automatische Zusammenhänge ein und bewirkt so das Gegenteil.

Ganz ähnlich hat der Mensch in die vernetzten und automatischen Zusammenhänge in der Natur eingegriffen. Dabei erreichte er zunächst auch die gewünschten Zwecke. Heute aber, angesichts der verheerenden Umweltzerstörung, muß er feststellen, daß er gutgläubig, aber ignorant gehandelt hat. Beispiele gibt es zahlreiche: Die Konstruktion von Kraftfahrzeugen erfüllte ihren Zweck hervorragend, an die Eingriffe in die Ökologie dachte damals noch niemand.

Aber nicht nur im Bereich von Naturwissenschaft und Technik erwies sich das lineare Denken und Handeln als falsch – auch in den Sozialwissenschaften wurde (und wird) derselbe Fehler gemacht. Nehmen wir als Beispiel die anti-autoritäre Erziehung.

Die anti-autoritäre Erziehung war, so glaubten viele, wissenschaftlich einwandfrei abgesichert. Da Frustration zu Aggression führt, so war die Schlußfolgerung, brauche man, um den aggressionsfreien Menschen zu erzeugen, nur eine frustrationsfreie Gesellschaft und Erziehung. Das Gegenteil hat man erreicht. Warum? Weil viele Psychologen übersehen haben (und heute noch übersehen), daß Aggression auch spontan ist, das heißt daß das Aggressionspotential anwächst, wenn es nicht eingesetzt wird. Anti-autoritär erzogene Kinder werden hoch aggressiv!

Es lassen sich Hunderte von Beispielen nennen: Monokulturen, chemische Schädlingsbekämpfung, Treibhausgase, Fließband usw. Wissenschaftler und Techniker können sich irren. Das wenigstens ist sicher! Deswegen sollten sie sich ihrer Sache eben nicht so sicher sein. Sokrates läßt grüßen.

Wie ist die Situation heute? Leider gibt es auch heute noch eine gefährliche Wissenschaftsgläubigkeit aus Ignoranz. Auf der einen Seite fordern zwar eine Reihe einsichtiger Politiker und Wissenschaftler eine »Technik-Folgen-Forschung«, auf der anderen Seite aber wird weiterhin »lustig« in ökologische Systeme eingegriffen, es wird weiterhin abgeholzt, Energie verschwendet, ins Uferlose fortgepflanzt. Haben die Menschen aus den verheerenden Folgen ihrer bisherigen ignoranten Wissenschaftsgläubigkeit nichts gelernt, oder handelt es sich um bewußte Ignoranz?

Als besonders bedrohlich sehe ich eine Sozialwissenschaft an, die die Evolution des Menschen ignoriert und damit auch die Erkenntnisse der Evolutionsbiologie. Wenn man den Triebcharakter der Aggression deswegen ignoriert, weil einem die ganze Richtung nicht ins moralische Konzept paßt, dann führt dies zu gefährlichen Konsequenzen (v. Cube, 1989). Überhaupt: Wenn man ignoriert, daß der Mensch als Produkt der Evolution mit unverändert wirksamen Trieben und Instinkten ausgestattet ist, dann glaubt man, alles Mögliche aus ihm machen zu können, man glaubt an den »neuen Menschen«, an ein besseres Zeitalter, an paradiesische Zustände und dergleichen. Erreicht hat man mit solchen Utopien noch immer das Gegenteil.

Das Risiko der Geborgenen

Die Risikogesellschaft: Lust ohne Angst

Der Mensch ist dabei, seine Umwelt zu zerstören, und zwar global und total. Gewiß wurden auch früher schon Umweltsünden begangen (Rodungen von Wäldern, Überweidung, Entwässerung von Sümpfen), solche Eingriffe in die Natur waren indessen immer nur lokal oder höchstens regional. Dies gilt auch für zahlreiche Eingriffe in unserer heutigen Zivilisation, wie etwa die Verschmutzung von Flüssen, die Erosion in den Alpen, die regionale Vergiftung des Bodens mit Schwermetallen. Darüber hinaus leisten wir uns jedoch Eingriffe in das Ökosystem unseres gesamten Planeten. Die weltweite Vergiftung von Luft, Wasser und Boden, die Zerstörung von Wäldern und Kulturpflanzen, das Ozonloch, die Zunahme von Kohlenstoffdioxid, globale Klimaänderungen etc. schreiten voran. Diese Eingriffe haben eine neue Qualität erreicht: Die Umweltzerstörung ist heute global, das heißt sie betrifft alle Menschen. Und sie ist total, das heißt sie führt in letzter Konsequenz zum sicheren Tod der Menschheit.

Der globale und totale Charakter gilt auch für das Risiko der radioaktiven Strahlung. Das Risiko, sich ein Haus an einem erdrutschgefährdeten Hang zu bauen ist lokal, es betrifft verhältnismäßig wenige Menschen und oft auch noch in eigener Verantwortung. Solche Risiken gab es schon früher. Das Risiko der radioaktiven Strahlung ist demgegenüber global und total: Niemand kann ihm entgehen, der Ernstfall bedeutet den sicheren Tod.

Solche globalen und totalen Risiken sind es, die unser Leben heute bedrohen. Ulrich Beck (1986, 1989) zählt zur modernen Risikogesellschaft noch »viele chemische und gentechnische Produktionen«. Tatsächlich sind chemisch hergestellte Gifte, Insektenvernichtungsmittel, Holzschutzmittel, Düngemittel etc. im Boden, im Grundwasser, in der Nahrung so weit verbreitet und so tief eingedrungen, daß sie inzwischen auch zu einer globalen und totalen Gefahr geworden sind. Vor Jahren verursachten chemische Gifte noch vereinzelte, mit lautem Protest bedachte Katastrophen, heute kommt die Katastrophe auf leisen Sohlen, aber sie lauert überall.

Aus gutem Grund rechnet Beck auch die Gentechnik zu den »Großgefahren« unserer Zeit. Die Gefahr besteht darin, daß wir nicht wissen, welche Auswirkungen und Nebenwirkungen gentechnische Manipulationen mit sich bringen. Vermutlich bedeutet es keine Gefahr, wenn die Farbe vom Mais auf die Petunie übertragen wird, aber dabei bleiben »die Kathedralen der Macht in Wirtschaft, Wissenschaft und Staat« gewiß nicht stehen. Wer garantiert dafür, daß gentechnisch produzierte »gute Viren«, die Krankheiten bekämpfen sollen, sich nicht in anderen Bereichen als »böse« erweisen, vielleicht sogar als tödlich? Wir haben doch wahrhaftig oft genug feststellen müssen, daß künstliche Eingriffe in ökologische Systeme zu schwerwiegenden Folgen geführt haben, und zwar deswegen, weil wir die Komplexität, die Vernetzung solcher Systeme nicht erkannt haben. Das gilt doch erst recht für das genetische System. Niemand kann behaupten, dieses hochkomplexe Netzwerk durchschauen und auch noch die Folgen unterschiedlicher Eingriffe abschätzen zu können. Wenn man aber die Folgen nicht absehen kann, dann darf man sie auch nicht riskieren. Ist der Geist der Gentechnik erst einmal aus der Flasche, dann wird er zum totalen und globalen Risiko.

Ich möchte den von Beck genannten Risiken noch ein weiteres hinzufügen: die Bevölkerungsexplosion. Auch hier handelt es sich um ein globales und totales Risiko, ja um eine unabwendbar erscheinende globale Katastrophe.

Beck beschreibt die Risikogesellschaft, aber er erklärt sie nicht von ihren Wurzeln her. Die Risikogesellschaft ist ja nicht einfach historisch geworden. Dahinter steht ein menschliches Verhalten. Man muß die Frage stellen: Wie ist es zur Risikogesellschaft gekommen, wo liegen die Ursachen? Solange diese Frage nicht beantwortet ist, kann man die Risiken auch nicht von ihren Ursachen her ausräumen. Ich behaupte, daß die Erkenntnisse der Verhaltensbiologie die Ursachen der globalen und totalen Risiken im wörtlichen Sinne »aufdecken« können.

Die Triebfeder, die zur technischen Zivilisation geführt hat und zu all den Risiken, die sich dadurch ergeben haben, heißt »Lust ohne Anstrengung«, heißt »Verwöhnung«. Der »fallengelassene Mensch« hat mit seiner reflexiven Fähigkeit in die »Lust-Unlust-Ökonomie« (Lorenz) der Instinktsteuerung eingegriffen und versucht, Lust zu steigern und Unlust zu vermeiden. Er suchte das Glück schon immer im Schlaraffenland. Während jedoch früher die meisten Menschen hart arbeiten mußten und vom Schlaraffenland nur träumen konnten, haben wir es heute geschafft. Das Streben nach Lust ohne Anstrengung hat Früchte getragen. Wir verwöhnen uns durch Technik und Wohlstand, zugleich allerdings haben wir die Konsequenzen der Verwöhnung zu tragen. Dabei handelt es sich um drei Ketten von Konsequenzen, die letztlich zu den globalen und totalen Risiken führen:

Erste Kette: Da Triebverzicht unangenehm ist und die Wohlstandsgesellschaft über genügend hohe Reize verfügt, wird die Lust der Endhandlung gemäß dem Gesetz der doppelten Quantifizierung durch geringe Triebstärke und hohe Reizstärke gesucht. Das bedeutet, da die Reize sich bekanntlich abschleifen, daß immer höhere Reize gesetzt, immer höhere Ansprüche befriedigt werden müssen. Die steigenden Ansprüche – immer exotischere Delikatessen, immer schnellere Autos, immer weitere Reisen, immer mehr Luxus – führen zwangsläufig zu einer immer größeren Belastung und letztlich zur Zerstörung der Umwelt.

Zweite Kette: Die Vermeidung von Anstrengung führt zum Einsatz fremder Energie. Man denke an Skilifte und Sesselbahnen, an Traktoren, Motorsägen und Bagger, an die zahlreichen Haushaltsgeräte, an die vielen Produkte, die mit fremder Energie hergestellt werden, an alles, was uns das Leben »erleichtert«. Als Energiequelle verwenden wir fossile Brennstoffe oder, neuerdings, die Kernenergie. Die ständig steigende Verbrennung fossiler Brennstoffe führt zur Zerstörung der Umwelt, die Nutzung der Kernenergie zum totalen Risiko.

Dritte Kette: Werden die für Appetenzverhalten und Triebhandlungen vorgesehenen Aktivitäten nicht abgerufen, dann steigen die Trieb- und Aktionspotentiale an. Es kommt zu »aggressiver Langeweile«. Der Anstieg von Gewalt, Drogenkonsum, Alkoholismus ist großenteils eine Folge von Verwöhnung und Unterforderung, nicht von Streß oder Überforderung. Nicht eingesetzte Trieb- und Aktionspotentiale sind auch Ursachen zahlreicher »Zivilisationskrankheiten«. Verwöhnung erweist sich damit als ein umfassendes Wohlstandssyndrom mit lebensbedrohenden Konsequenzen.

Die Risikogesellschaft ist nicht einfach eine Folge von Wissenschaft und Technik, sie ist vielmehr eine Folge des Strebens nach Lust ohne Anstrengung. Die Forscherkraft und Erfindungskraft der Menschen richtete sich in erster Linie auf die Steigerung dieser Lust – mehr Maschinen, schnellere Autos, größere Flugzeuge – und nicht auf die Erhaltung und (vorsichtige) Nutzung unserer natürlichen Lebensgrundlagen.

Natürlich ist es nutzlos und sinnlos, unseren Vorfahren den Vorwurf der Ausbeutung oder Zerstörung der Erde zu machen. In früheren Jahrhunderten hielt man die Lebensgrundlagen unserer Erde für unerschöpflich, es bestand keine Veranlassung, das göttliche Gebot, sich die Erde untertan zu machen, nicht zu befolgen, das Streben nach Lust, nach Wohlstand und Macht zu hemmen. Die Konsequenzen dieses Luststrebens wurden erst in den letzten Jahrzehnten deutlich, die Risiken waren zwar programmiert, erkannt hat man sie erst vor kurzem.

Jetzt aber ist die Situation eine andere: Wir haben erkannt, daß das Streben nach Lust der Motor ist, der uns in die Risikogesellschaft hineingetrieben hat. Wir haben weiter erkannt, daß wir diese Lust verwirklicht haben, vertrauensvoll, ignorant und ohne Angst. Aber statt nur die Angst als natürliche Warnung vor zu viel Unsicherheit mit lebensbedrohenden Folgen zu akzeptieren und die Konsequenzen zu ziehen – nämlich das Tempo zurückzunehmen und die Gefahren zu beseitigen –, läßt man die Risiken bestehen und zieht alle Register der Angstvermeidung!

Hinter der halbherzigen Umweltpolitik steht der Glaube, daß uns der Herr schon nicht verkommen lassen wird. Sicher wird das nicht immer so unverblümt gesagt, aber das große Thema unserer Religion ist seit Jahren Sicherheit und Geborgenheit. Fast jedes »Wort zum Sonntag« dient der Angstvermeidung durch Glauben. Die Kirche nutzt offenbar die Chance, den Menschen die Angst zu nehmen und sie dadurch (erneut) an sie zu binden.

Atomtechniker und Politiker nehmen die Angst durch die ständige Versicherung, daß die Kernkraftwerke noch sicherer gemacht würden. Sie haben auch alle Veranlassung dazu, denn was sich in den letzten Jahren, etwa in der ehemaligen DDR, ereignet hat, ist nur noch von gläubigen Menschen zu ertragen.

Da sind mir die Techniker und Politiker noch lieber, die das Kind beim Namen nennen, die das Luststreben ganz offen ansprechen. Es sind die, die sagen: Bitte, der Wohlstand hat eben seinen Preis, er ist nicht zum Nulltarif zu bekommen. Wenn ihr den totalen Wohlstand wollt, dann müßt ihr die Risiken in Kauf nehmen. Bei genauerer Betrachtung handelt es sich allerdings auch hier um eine Strategie der Angstvermeidung. Denn zugleich wird gesagt, daß Technik ja noch nie risikofrei gewesen sei. Damit wird suggeriert, daß wir es – wie bisher auch – ganz gut überleben werden. Die Tatsache, daß es sich heute um globale und totale Risiken handelt, wird so verschleiert, die Angst verdrängt.

Halten wir fest: Die Risikogesellschaft ist entstanden durch Lust ohne Anstrengung und ohne Angst. Heute, wo die Risiken objektiv erkannt sind und vor Augen liegen, stellt sich zunächst Angst ein. Aber statt die Risiken zu beseitigen, wird die Angst beseitigt.

Ein weiteres Beispiel hierfür ist die »New-Age-Bewegung«.

New Age: Neue Angstvermeidung

Die New-Age-Bewegung reicht zwar in ihren Wurzeln – Esoterik, Astrologie, fernöstliche Religionen etc. – Jahrhunderte oder gar Jahrtausende zurück. Als »Bewegung« ist sie jedoch erst wenige Jahre alt. Wichtige Urheber sind Marilyn Ferguson (»Die sanfte Verschwörung«) und Fritjof Capra (»Wendezeit«). Der Zeitpunkt ist nicht zufällig, denn die New-Age-Bewegung ist eine Reaktion – eine Reaktion auf die totalen und globalen Risiken unserer Zeit. Zweifellos erleben die Anhänger der Bewegung diese Risiken als bedrohlich und unterziehen sie auch der berechtigten Kritik. Sie wenden sich gegen die Zerstörung der Umwelt, gegen eine rein wissenschaftlich-technische Zweckrationalität, gegen einen blinden Fortschrittsglauben. Im Grunde aber richtet sich die New-Age-Bewegung gegen die traditionellen Sicherheitssysteme, insbesondere gegen den christlichen Glauben und gegen Wissenschaftsgläubigkeit. Simson (1988) schreibt: »Liest man Publikationen über New Age, so begegnet uns immer wieder derselbe Argumentationsrythmus: Die Welt ist schlecht, wir befinden uns in einer unausweichlichen Krise. Die Schuld daran liegt in der mangelnden Erleuchtung des Menschen, die besonders durch das Vorherrschen des christlich-westlichen Denkens in naturwissenschaftlich überholten Konzepten verhindert wurde.«

Bis zu diesem Punkt – Aufzeigen der Risiken und Kritik an dem bestehenden Sicherheitsgefühl – ist der New-Age-Bewegung ohne Einschränkung zuzustimmen, sie beschreibt die tatsächliche Situation, in die wir uns durch Lust ohne Anstrengung und ohne Angst hineinmanövriert haben. Dann aber ist folgendes festzustellen: Statt die Berechtigung der Angst auf zudecken und die Risiken zu bewältigen, bietet die New-Age-Bewegung dem verängstigten Menschen eine neue metaphysische Geborgenheit. Ja, die Bewegung präsentiert nicht nur neue Strategien der Angstvermeidung, sie weckt auch neue Hoffnungen und verspricht ein neues Paradies.

Doch zunächst zum Sicherheitssystem der New-Age-Bewegung. So vielschichtig die Bewegung sein mag, sie wird getragen von einer pantheistischen Gottesvorstellung. Gott wird nicht als persönlicher Gott gedacht, sondern als der Kosmos selbst, als das Universum. Der Mensch ist Teil des Universums und damit selbst göttlich. Simson spricht vom Glauben an das Göttliche, an die »unpersönliche kosmische Urkraft«, »an einen göttlichen Impuls« etc. Demnach ist der Mensch vor seiner (leiblichen) Geburt schon Teil dieser Göttlichkeit und er ist es ebenso nach seinem (leiblichen) Tod. Der Tod führt also nicht »zum endgültigen Verlöschen«.

In Übereinstimmung mit diesem »energetischen Gottverstehen«, wie manche sagen, steht die Vorstellung der Wiedergeburt, die zugleich eine höhere Entwicklung ermöglicht, die bis zur Erleuchtung führt. »Positiv wird der Tod als Hineingehen in eine neue evolutionäre Stufe gedeutet« (Müller, 1987).

Ich kann die angedeuteten Glaubensvorstellungen nicht näher darstellen, da ich sie – in welchen Worten ich sie auch immer zur Kenntnis genommen habe – nicht nachvollziehen kann. Es kommt hier aber auch gar nicht auf das Glaubenssystem als solches an, sondern auf seine Funktion als absolutes Sicherheitssystem, als Angebot für die Triebbefriedigung des Sicherheitstriebs in der Situation totaler Unsicherheit. Hier stelle ich fest, daß die Begriffe Sicherheit, Geborgenheit, Vertrauen eine fundamentale Rolle spielen. So schreibt etwa Müller (1987): »Die Suche nach

Geborgenheit, auch metaphysische Geborgenheit, nach Ganzheit und Gemeinschaft, ist gerade bei Anhängern der New-Age-Wanderbewegung erfahrbar als Reaktion auf die erlebte innere Heimatlosigkeit des postmodernen Menschen.« George Trevelyan spricht von einem »rückhaltlosen Vertrauen zum Göttlichen«. Und die Urheberin der New-Age-Bewegung, Ferguson, schreibt: »Du kannst produktiver, selbstsicherer sein und Dich angesichts Deiner Unsicherheit besser fühlen.«

Capra erhielt den Anstoß zu seinen Veröffentlichungen durch ein religiöses Erlebnis. Nachdem er sich bereits längere Zeit mit östlicher Spiritualität befaßt hatte, erlebte er 1969 den »Tanz des Shiva«, eine Erfahrung, von der er sagt, daß er sich dadurch seiner »Umgebung als Teil eines gigantischen kosmischen Tanzes bewußt wurde«. (Tibusek, 1988)

Es ist nicht nötig, weitere Belege anzuführen. Der Glaube an das Einssein mit dem göttlichen Universum, an die Auflösung des Todes, an die Wiedergeburt und anderes vermittelt Sicherheit und Geborgenheit. Hierin besteht das Angebot der New-Age-Bewegung. Für viele Menschen ist dies »sicher« ein attraktives Angebot, ein attraktiveres als das Sicherheitsangebot der christlichen Religionen.

Ich stelle weiter fest, daß das Sicherheitsangebot der New-Age-Bewegung von immer mehr Menschen auch tatsächlich angenommen wird. In der Zeitschrift »Quick« (Nr. 10/1990) bekennen sich zahlreiche prominente, meist weibliche Schauspieler und Autoren zur Esoterik. Ich greife nur einige Äußerungen heraus: »In esoterischen Schriften habe ich alle Antworten gefunden. Seitdem kenne ich keine Ängste mehr.« – »Ich glaube an die Wiedergeburt. Dieser Glaube macht mich stark, heiter und gelassen.« – »Seit ich mich mit Esoterik beschäftige, bin ich nicht mehr unsicher.« – »Nach dem Tode als ein anderes Wesen auf die Welt zurückzukommen, gibt mir innere Ruhe.«

Mögen sich Esoteriker dagegen wehren, von der New-Age-Bewegung einverleibt zu werden, mögen sie beteuern, daß ihre komplexe Religion von vielen nicht richtig verstanden werde – Tatsache ist, daß New Age und Esoterik immer mehr Menschen das Gefühl einer absoluten, göttlichen Sicherheit verleihen.

Je mehr Menschen sich aber der Unsicherheit der Risikogesellschaft durch das Gefühl totaler Sicherheit entziehen, desto größer wird die objektive Gefahr. Denn es ist ja nicht nur so, daß die Unsicherheiten bestehen bleiben – das Sicherheitsgefühl führt zu neuen Ufern, zu einer neuen Zeit, zu einem zukunftstrunkenen Optimismus, zu neuen Risiken.

Die New-Age-Bewegung verkündet, wie schon der Name sagt, ein neues Zeitalter – selbstverständlich ein besseres. Im Wassermann-Zeitalter kommt der große Durchbruch zu einer neuen Seinsstufe, zur Aufhebung von Gegensätzen, zur Harmonie und Selbstverwirklichung. Der Weg dahin führt über Transformation, Intuition und Erleuchtung. Die neue Zeit der Harmonie, des Friedens, der Liebe kommt unaufhaltsam – auch wenn noch ein Atomkrieg zu überstehen wäre. Im übrigen ist man sich innerhalb der Bewegung nicht einig, inwieweit das neue Zeitalter ohne eigens Zutun kommt oder inwieweit man sich dafür einzusetzen hat. Offenbar überwiegt aber die Gruppe derjenigen, die glauben daß die neue Zeit in jedem Falle kommen wird. Diese Haltung ist zweifellos auch die bequemere.

Es ist immer wieder dieselbe Sehnsucht: Alle leben in Harmonie miteinander, es gibt keine Gegensätze, keine Aggression, keinen Neid; Löwe und Lämmchen leben friedlich zusammen, es gibt nur Liebe und Freude. Welche Naivität, welch ein Gegensatz zur Realität des Menschen mit seinen evolutionären Programmen! Die Erleuchteten sehen offenbar nicht, daß Aggression ein biologisches Erbe ist, mit dem wir leben müssen, sie sehen nicht, daß der Löwe sich unter anderem vom Lämmchen ernährt, sie sehen nicht, daß ein Zustand ewiger Harmonie nicht nur unmöglich ist, sondern auch zu einer unerträglichen Langeweile führen müßte, zu einer Gier nach Unsicherheit, zu katastrophaler Aggression. Freilich: Man kann die Realität der Evolution mit allen Folgen ignorieren, aber Ignoranz ist gefährlich, sie beseitigt Ängste, aber keine Risiken.

Nein – man sollte endlich aufhören mit derart irrationalen Wunschvorstellungen. Wir können mit unserem Verstand so viele Erkenntnisse gewinnen, daß wir nicht zu fallen brauchen. Der Realist krallt sich mit diesen Erkenntnissen an der Realität fest, statt sein kurzes, aber einziges Leben den Sicherheitsträumen der Irrationalisten und deren Folgen zu opfern.

Die Angst des Beifahrers

Wer die Großgefahren unserer Risikogesellschaft erkennt und die daraus resultierende Angst durch keine irrationalen Vermeidungsstrategien beseitigt – ich nenne ihn Realist – empfindet eine doppelte Angst: die Angst vor den Risiken selbst – Umweltzerstörung, Atomtechnik etc. – und die Angst vor den Geborgenen, die ihr Risikobewußtsein verloren haben. Er ist in der Situation des Beifahrers auf einem Motorrad, dessen Fahrer wie ein Wahnsinniger rast und gleichzeitig beteuert, er habe einen Schutzengel.

Ebenso wie der Beifahrer auf dem Motorrad ist der Beifahrer der Risikogesellschaft den Gefahren ohnmächtig ausgesetzt. Er steht mit Beklemmung vor dem Atomkraftwerk oder dem sterbenden Wald, er ist von einer plötzlichen oder allmählichen Zerstörung bedroht, gegen die er nichts machen kann; er ist entmündigt, sein Handeln spielt keine Rolle, die Folgen seines Tuns sind ohne Belang. Damit ist er seiner Verantwortung beraubt, er hat seine Würde verloren, seine Individualität. Ja, die Großgefahren der Risikogesellschaft zerstören die Würde des Menschen – seine Entscheidungsfreiheit und Verantwortlichkeit –, noch bevor sie den Menschen selbst zerstören. Die Risikogesellschaft widerspricht eindeutig der Verfassung.

Der Realist steht aber nicht nur zu Tode geängstigt und ohnmächtig vor den Risiken selbst, er wird auch noch von den »Sicheren« bedroht, von den Geborgenen. Er kann ja nicht – wie der Beifahrer auf dem Motorrad – aussteigen, er kann nicht fliehen, er fährt in jedem Falle mit. Deswegen muß er sich gegen die Fahrer wenden. Er muß ihnen sagen, daß ihr Glaube, ihr religiöser Glaube oder ihre Wissenschaftsgläubigkeit, objektive Risiken zuläßt oder gar heraufbeschwört. Der Glaube des Fahrers ist damit nicht länger Privatsache, er führt zu objektivem Risiko, er bedroht alle Menschen. Genauer: Nicht der Glaube selbst ist es, der den Beifahrer ins Risiko einbezieht, sondern die Konsequenz, die der Fahrer zieht. Der Fahrer kann ja ruhig an einen Schutzengel glauben, wenn er sich dennoch nach dem Beifahrer richtet, der nicht an diesen glaubt. Die verfassungsrechtlich garantierte Würde des Menschen gebietet, daß der Gläubige die Angst des Ungläubigen respektiert. Der Gläubige darf sich mit der Sicherheit seines Glaubens nicht über die Lebensangst des anderen hinwegsetzen. Die Aussage eines (christlichen) Politikers nach dem Unfall von Tschernobyl, daß für denjenigen, der an ein Weiterleben nach dem Tod glaube, das Risiko ja durchaus erträglich sei, ist unverantwortlich. Eine solche Einstellung mißachtet das Lebensrecht des Menschen.

In den USA hat sich folgendes zugetragen: Präsident Carter hat angesichts der alarmierenden Berichte des Club of Rome die Umweltstudie »Global 2000« in Auftrag gegeben, eine Studie übrigens, die die wesentlichen Prognosen des Club of Rome durchaus bestätigte. Von dem nachfolgenden Präsidenten und seinen Beratern wurde der Bericht jedoch vom Tisch gewischt. Die Prioritäten, die der Umweltschutz und die Energiesparpolitik unter Carter erhalten hatten, wurden zurückgenommen. Der neue Innensekretär, dem insbesondere die großen Nationalparks unterstanden, war ein Fundamentalist, der davon überzeugt war, daß Jesus Christus ohnehin demnächst wiederkomme. Aus dieser Sicherheit heraus brauchte er nicht weiter tätig zu werden.

Setzt sich der Geborgene über die rational begründete Angst des Beifahrers hinweg, bleibt diesem nur der politische Kampf. Es ist der uralte Kampf zwischen Realisten und Dogmatikern. Heute kämpft der Realist um sein Überleben.

Im übrigen wird der Realist nicht nur vom Risikohandeln der Gläubigen (im weitesten Sinne) bedroht, sondern auch von den vielen Ignoranten: Auch sexuelle Abenteuer sind keine Privatsache mehr, wenn zu diesem Zwecke Tausende von Männern nach Thailand fliegen und dadurch Umwelt schädigen. Es ist auch keine Privatsache mehr, sich exotische Delikatessen einfliegen zu lassen oder seine Wohnung mit Edelhölzern aus dem brasilianischen Urwald auszustatten.

Glücklicherweise begreifen immer mehr Menschen, daß die Angst vor den Risiken – und vor den Geborgenen – berechtigt ist und daß die einzige Möglichkeit des Überlebens in der Beseitigung der Risiken besteht – nicht in der Vermeidung der Angst. Vor mir liegt ein Bericht aus der Rhein-Neckar-Zeitung vom 27.3.1990 über Studien von Horst Eberhard Richter. Ich zitiere: »Fast 75 Prozent der Kinder, aber nur 55 Prozent der Erwachsenen glaubten, Technik und die Chemie zerstörten die Umwelt. Entgegen der weitverbreiteten Meinung seien aber vor allem die Jugendlichen mit pessimistischen Zukunftserwartungen die Hoffnungsträger der Gesellschaft. Ihr Leidensdruck ermögliche es nämlich erst, daß sich Kinder und Jugendliche aufraffen, das ökologische Tabu brechen und gegen das drohende Unheil ›massiv und offensiv‹ vorgehen. Jugendliche mit positiven Zukunftserwartungen seien dagegen politisch und sozial desinteressiert und könnten gesamtgesellschaftlich nur wenig Impulse setzen.«

Der Realist – sofern er sich auch mit Verhaltensbiologie beschäftigt hat – bleibt aber nicht bei der Aufdeckung der Risiken stehen, auch nicht beim Engagement für politische Maßnahmen zur Beseitigung der Risiken – er denkt auch darüber nach, wie der Sicherheitstrieb vernünftig und unschädlich befriedigt werden kann. Tatsächlich verhält es sich mit dem Sicherheitstrieb ähnlich wie mit dem Aggressionstrieb: Wir können den Trieb nicht ignorieren – es wäre ja auch schade um den »Lustverlust« – wir können nur herausfinden, wie man vernünftig mit ihm umgehen kann. Diesem Problem wende ich mich jetzt zu.

Verantwortbares Risiko

Kultivierung des Sicherheitstriebes

Verantwortliche Triebbefriedigung

Der »fallengelassene Mensch«, wie Lorenz sagt, ist einerseits ein Stück Natur – in seiner Körperlichkeit, seinen evolutionären Programmen, seinen Trieben – andererseits ein Freigewordener, der mit der Natur, auch mit seiner eigenen, in eigener Entscheidung und Verantwortung umgehen kann. Diese Fähigkeit ist ihm offenbar zu Kopfe gestiegen. Er hat seinen Geist überschätzt und die evolutionären Gesetze der Natur unterschätzt oder völlig ignoriert. Dadurch hat er in die komplexen Zusammenhänge der Natur – auch seiner eigenen – eingegriffen und katastrophale Fehler gemacht.

Nehmen wir als Beispiel den Umgang mit Aggression. Durch die Erfindung von Waffen hat der Mensch das natürliche Gleichgewicht des Aggressionsgeschehens zerstört. Er hat ein Potential totaler Vernichtung geschaffen. Durch seine Fähigkeit, hohe Reize zum Lustgewinn zu nutzen, hat er die Grausamkeit entdeckt: Er kann den Besiegten noch einmal besiegen, er kann seine Mitmenschen erniedrigen, beleidigen, quälen. Durch seine Fähigkeit, zweckrational zu handeln, kann der Mensch sich über Tötungshemmungen hinwegsetzen, er kann, wenn es ihm nützlich erscheint, andere Menschen aus strategischen Gründen töten.

Gewiß: Der Mensch kann seinen Aggressionstrieb auch vernünftig einsetzen, beispielsweise als Motor für wissenschaftliche, technische, kulturelle Leistungen. Zahlreiche Errungenschaften unserer Kultur sind – zumindest auch – auf den Aggressionstrieb zurückzuführen, insbesondere auf das Streben nach Ansehen und Anerkennung.

Ähnliches gilt für den Umgang mit dem Nahrungstrieb oder dem Sexualtrieb. Durch die Kochkunst ist es dem Menschen gelungen, immer höhere Reize zu setzen und dadurch immer mehr Lust aus dem Nahrungstrieb zu gewinnen. Daß diesem Umgang Grenzen gesetzt sind, hat er inzwischen schmerzlich erfahren. Was die Fortpflanzung anbetrifft, hat sich der Mensch eine Welt geschaffen, in der er sich maßlos vermehren konnte. Aber er hat diesen Eingriff nicht durch Gegenmaßnahmen ins Gleichgewicht gebracht. So droht ihm heute der Untergang.

Im folgenden stelle ich die Frage: Wie soll der Mensch mit dem Sicherheitstrieb umgehen? Ich möchte versuchen, diese Frage in groben Zügen zu beantworten, und beginne damit, festzustellen, wie er keinesfalls mit diesem Trieb umgehen darf.

In jedem Falle ist es ein gravierender Fehler, in das Gleichgewichtssytem des Sicherheits-Risiko-Gesetzes einzugreifen. Wenn sich ein Kind verleiten läßt – beispielsweise um zu vermeiden, ausgelacht zu werden – seine Angst zu »überwinden« und von einer hohen Mauer zu springen, dann passiert eben ein Unglück. Was haben Mutproben nicht schon für Unheil angerichtet! In dem Film »Denn sie wissen nicht, was sie tun« wird dies beeindruckend dargestellt.

Der größte Eingriff in das Sicherheitsverhalten besteht in der Angstvermeidung durch Glauben. Die so gewonnene totale Sicherheit bringt jedes objektive Risiko zum verschwinden. Ja – so sehr der Glaube dem einzelnen Sicherheit verleiht, die Konsequenz des totalen Sicherheitsgefühls birgt enorme Gefahren in sich.

Die Sicherheit im Geist kann zur Zerstörung der Natur führen. Damit es nicht dazu kommt, damit die Aufforderung, sich die Erde untertan zu machen – ein Auftrag aus der Sicherheit des Geistes heraus – nicht zum »final count down« wird, bedarf es der Erkenntnis und der Reflexion. Die Erkenntnis besteht darin, daß die konkrete Sicherheit des Überlebens nur dann gewährleistet ist, wenn wir nicht gegen die Gesetze der Natur verstoßen. Wir sind von Natur aus auf eine bestimmte Umwelt programmiert, auf eine bestimmte Zusammensetzung der Atmosphäre, der Luft, der Nahrung, wir sind an eine bestimmte Größenordnung radioaktiver Strahlung angepaßt –

aber nicht an das Mehrfache. Von einer bestimmten Grenze ab erreichen chemische Stoffe oder radioaktive Strahlung die tödliche Dosis. Die größten Gefahren in einer Risikogesellschaft sind anonym, man kann sie nicht sehen oder riechen. Aber gerade deswegen, weil sie sich unserer Wahrnehmung weitgehend entziehen, sind wir zu Recht unsicher, haben wir Angst.

Nein – wir dürfen die Angst nicht verdrängen und die Risiken bestehen lassen, wir müssen die Risiken beseitigen, um in »relativer« Sicherheit leben zu können. Wir müssen uns an der Natur festhalten, wir dürfen sie nicht verändern, denn sonst sind wir ihr nicht mehr angepaßt.

Daraus ergeben sich zwei fundamentale Konsequenzen: Das Recht auf Sicherheit und das Recht auf persönliches Risiko.

Das Recht auf Sicherheit bezieht sich auf die Sicherheit des Lebens, auf die Erhaltung unserer Lebensgrundlagen, das Recht auf Risiko bezieht sich auf die Triebbefriedigung in Eigenverantwortung. Der Mensch muß ja, um den Sicherheitstrieb zu befriedigen, immer wieder Unsicherheit aufsuchen. Aber – und das ist das Entscheidende – er darf nicht das Leben anderer bedrohen, er muß seinen Sicherheitstrieb unschädlich erfüllen. Er muß den Geist riskieren und nicht die Natur und die Menschheit. Wir lassen uns für unsere Wahrheiten nicht totschlagen, sagt Nietzsche, wir sind ihrer nicht so sicher.

Das Recht auf Sicherheit

Jedes Tier strebt nach Sicherheit, und zwar nach Sicherheit in seiner Lebenswelt. Der Mensch wäre von allen guten »Geistern der Evolution« verlassen, würde er nicht sein möglichstes tun, um sein Leben zu sichern. Tatsächlich ist das Recht auf Leben, auf Unversehrtheit, in den Menschenrechten festgeschrieben, insbesondere in unserer Verfassung. Die Risikogesellschaft ist dabei, dieses Recht aufzuheben: Die vom Menschen verursachte Zerstörung der Umwelt bedroht unser Leben, Atomkraftwerke können es jederzeit auslöschen, die Nahrung, angefangen mit der Muttermilch, enthält oft Gifte, die unsere Gesundheit ruinieren. Schon jetzt sind zahlreiche Menschen an den Folgen radioaktiver Strahlung gestorben, an Vergiftungen, an Smog und dergleichen. Es ist unschwer vorauszusagen, daß immer mehr Menschen den Großgefahren zum Opfer fallen werden.

Der Eingriff in das Sicherheitsprinzip der Evolution beruht auf zwei typisch menschlichen Motiven: Lust ohne Anstrengung und Lust ohne Angst. Lust ohne Anstrengung führt wahrhaftig schon zu schlimmen Konsequenzen – Krankheiten, Aggression, Drogenkonsum –, Lust ohne Angst führt mit »Sicherheit« zum Tod.

Das bedeutet: Wir müssen die verhängnisvollen Eingriffe, so gut es geht, rückgängig machen und unsere Lebenswelt sichern. Der Spruch »Wir müssen mit Risiken leben« darf kein Freibrief sein für den Aufbau immer neuer nicht abbaubarer Unsicherheiten. Der Mensch hat ein Recht darauf, vor solchen Unsicherheiten geschützt zu werden.

»Das Recht auf Sicherheit« bezieht sich aber nicht nur auf die Vermeidung von »Großgefahren«, es bezieht sich auch auf den Schutz vor Gewalt, auf die Rechtssicherheit, auf Verkehrssicherheit, soziale Sicherheit etc.

Das gelegentlich mißverstandene Gewaltmonopol des Staates dient der Sicherheit von Leib und Leben. Eine Beseitigung dieser Institution würde unser Leben enorm verunsichern. Jeder könnte sich das Recht herausnehmen, Gewalt anzuwenden. Kommt der Staat seiner Verpflichtung, den einzelnen zu schützen, nicht nach, wird dieser zur Selbsthilfe gezwungen. Viele tun dies bereits, besonders in den USA. Wenn aber Sicherheit vor Gewalt zur Privatsache wird, erhöht sich nicht nur die Unsicherheit insgesamt, sondern auch die Ungerechtigkeit.

Auch das »geschriebene Recht«, das jeder nachlesen kann, dient der Sicherheit. Der andere wird – zumindest in seinem öffentlichen Handeln – berechenbar, also relativ sicher. Das gilt für den Straßenverkehr, für Verträge, für den täglichen Umgang mit den anderen. Auch die Regierenden sind in einem Rechtsstaat an das Recht gebunden; das verleiht dem Staatsgefüge Sicherheit. Der Bürger ist vor Willkür, also vor Unsicherheit, geschützt.

Die Tatsache, daß wir nicht nur ein demokratischer, sondern auch ein sozialer Staat sind, eine Tatsache, auf die wir mit Recht stolz sein dürfen, stellt einen besonders wichtigen Zuwachs an Sicherheit dar. Die Sozialversicherung gewährleistet durch die gesetzliche Krankenversicherung, die Arbeitsunfähigkeits- und Altersrentenversicherung, die Arbeitsunfallversicherung und die Arbeitslosenversicherung ein umfassendes System sozialer Sicherheit. Hinzu kommen zahlreiche gesetzliche Vorschriften, die in allen Bereichen dem sozial Schwachen vielfältig Schutz und Hilfe verschaffen.

Die angeführten Beispiele zeigen schon, daß es durchaus möglich ist, dem Bürger unserer Zeit eine relative Sicherheit zu verschaffen, und zwar im Hinblick auf sein alltägliches Leben wie auch im Hinblick auf das Unvorhersehbare. Darüber hinaus hat der Bürger noch die Möglichkeit, sich weitere Sicherheiten zu verschaffen: Er kann sich gegen fast alles versichern lassen – gegen Feuer und Wasser, gegen den Verlust des Hausrates und den Verlust eines Gliedes. Warum nicht? – wenn's der Sicherheit dient.

Halten wir fest: Die Gesellschaft hat die Pflicht, dem Bürger dadurch Angst zu nehmen, daß sie ihm überall da, wo er Unsicherheit nicht selbst abbauen kann, Sicherheit verschafft.

Die Erkenntnis über den Sicherheitstrieb und das Sicherheits-Risiko-Gesetz macht aber deutlich, daß der Mensch mit gewonnener Sicherheit erneut nach Unsicherheit strebt. Hier hat die Gesellschaft die Pflicht, die Befriedigung des Sicherheitstriebes zu ermöglichen – freilich so, daß möglichst kein anderer zu Schaden kommt. Das gilt ja auch für den Aggressionstrieb: Leistung darf und soll jeder erbringen, Gewalt ist mit Recht verboten.

Wie aber läßt sich der Sicherheitstrieb unschädlich befriedigen?

Das Recht auf Risiko

»Natürlich« hat der Mensch ein Recht auf Triebbefriedigung. Es wäre auch töricht und letztlich zerstörerisch, würde er auf die mit der Triebbefriedigung verbundene Lust verzichten. Das Problem liegt darin, mit den Trieben so umzugehen, daß sie nicht zur eigenen Schädigung oder zur Schädigung oder gar Zerstörung anderer führen. Bezüglich des Sicherheitstriebes bedeutet dies: Sicherheit in den Lebensgrundlagen für alle, Triebbefriedigung durch Risiko in eigener Verantwortung.

Hier gibt es unerschöpfliche Möglichkeiten. Ich will versuchen, sie zu systematisieren und erinnere zu diesem Zweck an die drei Stufen des Flow-Erlebnisses: Passiv-Flow, Durchschnitts-Flow, Experten-Flow.

Der Passiv-Flow entsteht durch das Nachvollziehen eines Flow-Produktes. Ohne Zweifel kann man einen guten Krimi, sei er durch Text oder Film realisiert, mit Spannung verfolgen. Ebenso kann man beim Anhören guter Musik ein Flow-Erlebnis haben, beim Ansehen eines guten Bildes etc. Aber was heißt hier »gut«? Vom Standpunkt des Sicherheitstriebes aus läßt sich ein – gemeinsames – Kriterium angeben: Das zum Nachvollzug geeignete »gute« Produkt muß eine hinreichend hohe Unsicherheit enthalten, im Sinne einer hohen Information oder Entropie. Nach Max Bense ist das Ästhetische, grob gesagt, durch Unwahrscheinlichkeit gekennzeichnet, durch die Abweichung vom Gewohnten. Ich erinnere mich, daß wir als Jungen beim Anblick eines hübschen Mädchens ausriefen: »Die ist unwahrscheinlich!«

Gehen wir davon aus, daß Bense recht hat, dann ist zumindest das Flow-Erleben in der Kunst zu verstehen als Bewältigung von Unwahrscheinlichkeit, als Abbau hoher Information. Man kann auch so sagen: Der Passiv-Flow ist dann möglich, wenn das vorliegende Produkt selbst aus einem Flow-Erlebnis entstand. Im übrigen ist der Passiv-Flow, wie auch der aktive, durch die volle Aufmerksamkeit, die ja zum Abbau hoher Information erforderlich ist, gekennzeichnet.

Allerdings: Auch der beste Passiv-Flow erfordert wenig Anstrengung und wird auch nicht mit so intensiver Lust belohnt wie der aktive. Aber die Lust-Unlust-Bilanz kann sehr wohl, gerade der fehlenden Anstrengung wegen, positiv sein. Deswegen ist der Passiv-Flow ja auch so beliebt – vom Achterbahnfahren über den Abenteuerfilm bis zum Theaterbesuch.

Der Durchschnitts-Flow erfordert die eigene aktive Bewältigung von Unsicherheit, jedoch ohne besondere Qualifikation. Durchschnitts-Flow kann man, auch ohne Profi zu sein, im Sport erleben, beispielsweise beim Tennis, Skifahren, Reiten, ebenso aber auch beim Musizieren, sofern man ein Instrument einigermaßen spielen kann, oder beim (eigenen) Malen. Ein besonders ergiebiger Bereich ist hier das Kunsthandwerk: Töpfern, Drechseln, Modellbau und anderes.

Entscheidend ist die Erkenntnis der Verhaltensbiologie, daß es zum Flow-Erleben keiner besonderen Qualifikation bedarf. Auch der laienhafte »Künstler«, der ungeübte Bergsteiger, der mittlere Schachspieler kann sein Flow-Erleben haben, wenn die abzubauende Unsicherheit seinem Können entspricht. Es kommt einzig darauf an, den subjektiven Reiz der Unsicherheit zu spüren und die Lust am Sicherheitsgewinn zu erleben. Der mittlere Flow hat den Vorteil, daß man ihn relativ schnell in viele Bereich hinein ausdehnen kann: Bis zu einem mittleren Niveau kann man Schachspielen rasch erlernen, Bergsteigen oder Kochen. Damit wird allerdings auch der Nachteil des Durchschnitts-Flows sichtbar: Er hat keinen Ernstcharakter. Wer etwas nur mittelmäßig kann, geht im allgemeinen kein größeres objektives Risiko ein und kann sein »Können« auch nicht zur Grundlage eines Berufes machen.

Der Experten-Flow setzt eine spezielle Qualifikation voraus. Csikszentmihalyi beschreibt das Flow-Erlebnis des Chirurgen. Ähnliches gilt für den Wissenschaftler, den Politiker, den Handwerker und andere. Experten-Flow gibt es aber nicht nur von Berufs wegen, man kann auch zum »Freizeitexperten« werden. Hier sind die Extremsportler zu nennen – Kletterer, Surfer, Springer, Drachenflieger – aber auch die erfolgreichen Hobbymaler, Hobbymusiker oder Hobbytechniker. Das Charakteristische am Experten-Flow ist das besondere Können und der Ernstcharakter. Der Extremsportler konstruiert den Ernstfall durch folgenschwere Risiken, der Hobbykünstler oder -forscher durch die Anerkennung, die ihm zuteil wird. Anerkennung zu erhalten ist ein zentrales Motiv beim Experten-Flow, sei es in der Arbeitswelt oder in der Freizeit.

Beim Experten-Flow in der Freizeit liegt noch ein besonderes Problem vor: Das objektiv hohe Risiko, das hier eingegangen wird, kann auch anderen gefährlich werden – sei es auf der Skipiste, beim Surfen oder auf der Straße. Um die Gefahr für andere zu vermeiden, wären eventuell besondere Areale anzulegen, in denen sich die Freizeitexperten »mit vollem Risiko« austoben könnten.

Insgesamt ist festzustellen, daß das Flow-Geschehen enorme Möglichkeiten zur lustvollen Befriedigung des Sicherheitstriebes bietet. Ganz sicher finden sich dabei auch attraktive Alternativen zu umweltfeindlichen Aktivitäten.

Halten wir fest: Es ist falsch und verhängnisvoll, aus der Sicherheit des Geistes heraus die Natur und unsere Lebensgrundlagen zu zerstören. Es ist notwendig und richtig, die Natur und unsere Lebensgrundlagen zu erhalten und zu sichern und die für die Triebbefriedigung notwendigen Risiken in die Welt des Geistes, die Kultur zu verlegen.

Das ist die »Paradiesvorstellung« des Verhaltensbiologen: Der Mensch schafft sich – kreativ und unermüdlich – eine Kulturwelt, in der er seine Triebe lustvoll aber unschädlich befriedigen kann.

Sicherheitserziehung

Sicherheit durch Allgemeinbildung

Geht man davon aus, daß (auch) der Mensch einen Anspruch darauf hat, seinen Sicherheitstrieb zu befriedigen, so ergeben sich die Ziele einer Sicherheitserziehung aus folgender Überlegung: Kindern und Jugendlichen ist eine realistische Sicherheit zu vermitteln – wenn diese auch nur relativ sein kann. Totale Sicherheit durch irrationale Angstvermeidung führt, wie wir gesehen haben, zu unkontrollierter Unsicherheit, zu objektivem Risiko. Die zu vermittelnde Sicherheit beruht auf Kenntnissen, Erkenntnissen, Fertigkeiten und Fähigkeiten, die die Information des Lebensraumes herabsetzen und den Menschen befähigen, Unsicherheit abzubauen. Die Alternative zur irrationalen Angstvermeidung soll ja nicht in Angst bestehen – Angst ist lähmend und unwürdig –, sondern in einer realistischen, stets neu zu erringenden Sicherheit.

Im einzelnen läßt sich die Sicherheitserziehung in drei Bereiche aufgliedern:

Allgemeinbildung im Sinne von Anpassung an die Lebenswelt sorgt in erster Linie für den Abbau der umgebenden Information und damit für freie Explorationskapazität.

Qualifikation sorgt dafür, daß in bestimmten Bereichen, vor allem im Beruf, auch schwierigere Probleme gelöst und schwierigere Aufgaben bewältigt werden können. Die durch Qualifikation in speziellen Bereichen erreichte Sicherheit führt dann außerdem zur Befriedigung des Aggressionstriebes in Form von Anerkennung.

Reflexion schließlich ermöglicht eine relative aber realistische Sicherheit in bezug auf das Handeln. Ein an Erkenntnis orientiertes reflektiertes Handeln ist der evolutionären Situation des Menschen angemessen.

Betrachten wir zunächst die Allgemeinbildung. Wir haben festgestellt, daß Lernen im Abbau objektiver Information besteht. Die Funktion des Informationsabbaues wird deutlich, wenn man den Lernenden in seiner Umwelt betrachtet. Mensch und Tier erreichen durch den Abbau der sie umgebenden Information eine Zunahme an Sicherheit: Je weniger Information die Außenwelt enthält, je bekannter sie also ist, desto sicherer kann man sich in ihr bewegen. Mit der Erkenntnis des anpassenden Lernens als Informationsabbau der Außenwelt wird zugleich deutlich, daß nur solche Informationen zum Gewinn an Sicherheit beitragen, die zur Anpassung an unsere Lebenswelt beitragen.

Nun kann man sicher darüber streiten, welche Informationen im einzelnen der Sicherheit dienen – in jedem Falle gehören dazu Erkenntnisse über unsere Lebensgrundlagen und deren Gefährdung, und über unsere eigene Natur.

Gebildet im Sinne einer solchen Allgemeinbildung ist heute derjenige, der über ein hohes Maß an Überlebenswissen verfügt, der sich umweltgerecht verhält, der die Natur schützt, der das Autofahren einschränkt, der Energie einspart, der den Müllanfall reduziert, der sich gegen ignorante oder böswillige Zerstörung der Natur wendet. Zum Überlebenswissen gehört auch das Wissen über menschliches Fehlverhalten wie Verwöhnung, Gewalt, Drogenkonsum, über dessen Ursachen und Vermeidung. In einer aufs äußerste bedrohten Welt ist nicht Luxuswissen gefragt, sondern das Wissen über das im wörtlichen Sinne »Notwendige«.

Betrachtet man unsere moderne »Informationsgesellschaft« vom Standpunkt des Informationsabbaues aus, also der Sicherheit des Handelns in der eigenen Lebenswelt, lassen sich etliche Mängel feststellen: So beginnt der Mangel an Vertrautheit mit der Lebenswelt oft schon als mangelnde Mutter-Kind-Beziehung. Daß dieser Mangel zu schweren Verhaltensstörungen führt – Ängstlichkeit, Autismus, Hospitalismus – ist dank verhaltensbiologischer Forschung inzwischen bekannt. Später wird die Anpassung an die Lebenswelt vor allem durch deren Undurchschaubarkeit erschwert oder unmöglich gemacht. So bleibt dem Kind oft lange (oder überhaupt) verborgen, was Vater oder Mutter eigentlich machen, es wird mit der Umwelt der Eltern nie ganz vertraut.

Machen die Eltern den Fehler, dem Kind technisch kompliziertes Spielzeug zu geben, etwa ferngesteuerte Autos, so wird die Technik zwar als reizvoll, aber als undurchschaubar erlebt. Das Kind kann – durch noch so viele Wiederholungen – die elementaren Ursache-Wirkungsbeziehungen nicht erkennen.

Das Fernsehen trägt im allgemeinen auch nicht zur Anpassung an die Lebenswelt bei. Die meisten Sendungen sind für die eigene Lebenswelt irrelevant, sie vergrößern eher die Entropie und damit die Unsicherheit.

Auch in der Schule dienen viele Informationen, die der Schüler lernen muß, nicht dem Informationsabbau, weil sie in der Lebenswelt gar nicht enthalten sind. Ein solches Wissen wird zu Recht als Ballast empfunden; dieser wird »von Natur aus« wieder abgeworfen: Das Wissen wird aus Sicherheitsgründen (!) wieder vergessen. Zu solchen, dem natürlichen Sinn des Lernens zuwiderlaufenden Informationen, gehören zahlreiche Informationen der traditionellen Allgemeinbildung. Diese ist nämlich durch Prestige gekennzeichnet – »Es gehört doch zur Allgemeinbildung ...« –, also durch die Befriedigung des Aggressionstriebes und nicht des Sicherheitstriebes.

Halten wir fest: Die Informationsgesellschaft beliefert uns mit zahlreichen Informationen, die eher zur Verunsicherung beitragen als zur Vertrautheit mit der Lebenswelt. Die zur Anpassung erforderlichen Informationen werden durch die Stoffülle belastet oder erst gar nicht gegeben.

Liegt dies eventuell auch daran, daß der Sinn des Lernens als Abbau der umgebenden Information und damit als Gewinn an Sicherheit noch gar nicht erkannt wurde?

Sicherheit durch Qualifikation

Allgemeine Bildung und allgemeines Können geben ein gewisses Maß an Sicherheit in der Lebenswelt, man kann sich sicher bewegen und hat genügend Kapazität frei für überraschende Ereignisse. Aber diese Sicherheit reicht nicht aus. Auf der Ebene der allgemeinen Bildung kann man noch keinen Beruf ausüben, keinen Experten-Flow erleben und auch keine Anerkennung ernten. Hierzu bedarf es der Qualifikation.

Unter Qualifikation verstehe ich ein (aktives) Können – sei es eher ein angewandtes Wissen oder eher eine Fertigkeit –, das über das durchschnittliche Können einer Bezugsgruppe hinausreicht und eine kreative Komponente enthält. Die Überdurchschnittlichkeit des Könnens ist Bestandteil des Begriffes und zeigt zugleich dessen Relativität. Ein Handwerker ist gegenüber einem Nichthandwerker qualifiziert, ein Wissenschaftler gegenüber einem Nichtwissenschaftler. Qualifikationsstufen gibt es aber auch in den Tätigkeitsfeldern selbst: Es gibt qualifizierte Handwerker, Wissenschaftler etc.

Die kreative Komponente scheint mir insofern unabdingbar zu sein, als sie durch anpassendes Lernen allein nicht erreichbar ist. Anpassendes Lernen heißt ja Abbau objektiver Information. Kreativität erweist sich als das Gegenteil, nämlich als Aufbau von Information. Dieser kommt durch neue, nicht in der Umwelt vorfindliche Kombinationen von Elementen zustande: Kreativität erhöht die Entropie. Der Mensch verfügt eben nicht nur über die Fähigkeit der Anpassung, auch nicht nur über die Fähigkeit Unbekanntes bekannt zu machen, sondern auch über die Fähigkeit der Neuordnung, der Veränderung und der Gestaltung.

Das ist typisch für den Menschen: Er kann nicht nur die Information von Neuem abbauen, er kann nicht nur Neues aufsuchen, er kann auch Neues schaffen. Mit »Qualifikation« in irgendeinem speziellen Bereich ist diese kreative Komponente angesprochen.

Es braucht nicht besonders betont zu werden, daß Qualifikation von der jeweiligen Individualität abhängt: Anpassendes Lernen ist grundsätzlich jedem möglich. Kreativität als die Schaffung von Neuem hängt in hohem Maße von der individuellen Struktur des einzelnen ab. Informieren kann man sich über alles, Qualifizieren kann man sich nur auf wenigen Gebieten, oft nur auf einem einzigen.

Qualifikation ist Voraussetzung für Leistung; in der Leistung wird die Qualifikation eingesetzt. Leistung befriedigt damit mindestens zwei Triebe: Sicherheitstrieb und Aggressionstrieb. Leistung bedeutet die Bewältigung schwierigerer Probleme, also den Abbau von Unsicherheit auf hohem Niveau; sie ermöglicht damit insbesondere die Befriedigung des Sicherheitstriebes im Beruf.

Aber auch in der Freizeit kann man nur durch Leistung Experten-Flow erzielen und damit ein besonders intensives Lusterlebnis. Im übrigen haben wir schon darauf hingewiesen, daß der Gewinn an Sicherheit – sei es in der Arbeit oder in der Freizeit – das Sicherheitssystem allmählich erweitert, ein Prozeß, der für unser Leben von größter Bedeutung ist.

Leistung führt auch zur Befriedigung des Aggressionstriebs, und zwar in Form von Anerkennung. Gewiß: Der Aggressionstrieb kann auch in anderer Form befriedigt werden – schnelle Autos, Besitz, Luxus etc. –, die Befriedigung in Form von Anerkennung gelingt jedoch nur durch Leistung. Insofern ist Leistung eine besonders humane Form der aggressiven Triebbefriedigung, insbesondere in der Wohlstandsgesellschaft (v. Cube 1989).

Im Rahmen des Sicherheitstriebes muß jedoch auch zu einer gewissen Vorsicht geraten werden: Eine hohe Qualifikation verleitet unter Umständen zur Überheblichkeit. Es ist ja klar, daß aufgrund des Sicherheits-Risiko-Gesetzes eine höhere Qualifikation und damit eine höhere Sicherheit auch zu einem höheren

Risiko führt. Sofern das Risiko der Qualifikation angemessen ist, bedeutet dieser Prozeß eine Bereicherung der Aktivitätsfelder und des Lusterlebens. Verführt aber die Qualifikation zur Überheblichkeit, so kann sie auch viel Unheil anrichten. Erziehung zur Qualifikation sollte also immer mit der Reflexion eines angemessenen Risikobewußtseins einhergehen.

Wenn beispielsweise ein junges Mädchen – meist sind es Mädchen – anfängt, zu reiten, ist es sinnvoll, wenn sie gleichzeitig Judo oder Turnen betreibt. Andererseits darf die so erworbene Qualifikation nicht zu neuen Risiken verleiten.

Für die Erziehung zur Qualifikation eignet sich unter anderem die sogenannte problemorientierte oder genetische Lehrstrategie. Dabei wird der Adressat vor ein Problem gestellt, das für ihn Unsicherheit bedeutet, das ihn zum Denken anregt. Macht er nun erste Anstrengungen zur Lösung des Problems, ohne jedoch zum Ziel zu kommen, so gibt ihm der Lehrer eine Lösungshilfe – etwa einen Hinweis auf die Zerlegung in Teilprobleme oder auf ähnliche, schon bekannte Zusammenhänge. Durch die Lösungshilfen wird das Problem sozusagen verkleinert. Nun kann der Adressat zu einem zweiten Lösungsversuch ansetzen. Stellt sich heraus, daß die Unsicherheitsspanne immer noch zu groß ist, erhält er eine zweite Lösungshilfe, und so weiter. Nach einer ausreichenden Anzahl von Lösungshilfen ist das Problem so weit »geschrumpft«, daß der Adressat – mit eigener Kraft – die Lösung zustandebringt.

Die genetische Strategie macht dem Adressaten außerdem deutlich, daß er sich irren kann. Dadurch erreicht er zusätzlich die Tugenden der Bescheidenheit und Selbstkritik.

Sicherheit durch Reflexion

Auf den ersten Blick erscheint es paradox, von Sicherheit durch Reflexion zu sprechen. Reflexion bedeutet ja, daß man aus dem Gegenstand (der Reflexion) heraustritt und ihn sich gegenüberstellt. Wenn man einen Glauben reflektiert, eine Moral, ein politisches System, dann distanziert man sich davon, betrachtet es sozusagen von außen. Wenn man selbst vollständig im System

141

»steckt«, zum Beispiel in einem bestimmten Glauben, kann man diesen ja nicht zugleich reflektieren.

Stellt man sich aber einen Gegenstand gegenüber, geht man auf Distanz, so kommen noch andere Gegenstände in den Blick. Reflektiert man seinen Glauben, so erkennt man, daß es auch noch andere Formen des Glaubens gibt, reflektiert man sein Handeln, bemerkt man, daß es auch andere Möglichkeiten gibt, reflektiert man die Institution der Einehe, stellt man fest, daß es auch andere Möglichkeiten gibt oder geben könnte. Reflexion führt also zwangsläufig zu Alternativen, zur Erhöhung der Entropie und damit zunächst einmal zu Unsicherheit.

Andererseits haben wir festgestellt, daß das Befangensein in einem System zwar zur Sicherheit führt, daß diese Sicherheit aber gefährlich ist: Durch eine systemimmanente Sicherheit verliert man leicht das Risikobewußtsein diesem System gegenüber und geht demzufolge unabsehbare objektive Risiken ein. Da ist es schon besser, die Unsicherheit der Reflexion zu erkennen und zu versuchen, sie rational abzubauen. Eine so gewonnene Sicherheit ist zwar nie absolut – man kann ja immer wieder aufs Neue reflektieren –, aber sie ist auch nicht gefährlich im Sinne der Blindheit für Risiken. Außerdem meine ich, daß eine durch Reflexion, Überlegung und Entscheidung zustande gekommene Sicherheit den Fähigkeiten des Menschen angemessen ist – und auch seiner Würde. Die Würde des Menschen besteht, so sieht es der Verhaltensbiologe, in seiner Entscheidungsfreiheit. Niemand hat das Recht, ihm diese zu nehmen, aber es ist die Pflicht der Erziehung, ihn zum Entscheiden und Verantworten zu befähigen.

Dafür müssen mindestens drei Voraussetzungen erfüllt werden:

Um entscheiden zu können, muß man über Kenntnisse und Erkenntnisse verfügen. Im Rahmen der Verhaltensbiologie sind solche Erkenntnisse etwa die Funktionsweise von Trieben. Wenn man nicht weiß, wie das Sicherheits-Risiko-Gesetz funktioniert, sind Fehlentscheidungen unvermeidlich.

Um entscheiden zu können, muß man ferner die Folgen von Entscheidungen durchspielen und abschätzen können. Wieviel Entscheidungen wurden nicht schon getroffen, deren Folgen für die Umwelt überhaupt nicht bedacht wurden!

Um entscheiden zu können, ist es zumindest hilfreich, Erfahrungen zur Kenntnis zu nehmen, Traditionen, bewährte Handlungsweisen. Ich sage nicht, daß Traditionen, Normen, Werte übernommen werden sollen – das widerspräche der Reflexion –, ich sage nur, daß es gute Gründe gibt, sie zur Kenntnis zu nehmen und zu prüfen. Einige »Tugenden«, wie Wachstum oder Vermehrung, müssen schleunigst revidiert werden, andere, wie Leistung oder Fairneß, halten der Prüfung stand. Manche Probleme sind völlig neu, zum Beispiel die Umweltproblematik, für sie gibt es keine Anhaltspunkte in der Vergangenheit.

Mit der Entscheidungsfähigkeit übernimmt der Mensch dann auch Verantwortung. Dabei ist die Verantwortung des reflektierenden und entscheidenden Menschen eine ganz andere als die Verantwortung des traditionsgeleiteten oder sonstwie eingebundenen Menschen. Derjenige, der unreflektiert ein Normensystem verinnerlicht hat, handelt »verantwortlich«, wenn er dieses befolgt, wenn er sich an der Richtschnur orientiert. Der Reflektierende handelt letztlich immer in Eigenverantwortung: Er ist es, der denkt, prüft, folgert, entscheidet. Ein besonders eindrucksvolles Beispiel einer solchen rationalen Verantwortung liefert heute der Techniker. Hat der Techniker früher das Machbare unreflektiert gemacht, so schätzt er heute doch (immer mehr) die Folgen des Machens ab – aus gutem Grund, wie wir dargelegt haben.

Eine Erziehung zur Sicherheit muß also auch die Reflexionsfähigkeit fördern und damit die Fähigkeit zu eigenverantwortlichem Handeln. Dazu gehört – neben der Vermittlung von Erkenntnissen, der Folgenabschätzung, der Prüfung von Bestehendem – eine weitere Bedingung: die Gewährung von Muße. Reflektieren heißt ja, daß man schon gespeicherte Informationen hervorholt, kombiniert, ordnet, daß man Übersicht gewinnt, Konsequenzen zieht usw. Nicht umsonst spricht man vom »Überdenken« und vom »Nachdenken« oder gar vom »In-sich-Gehen«. Wer ständig mit Informationsaufnahme beschäftigt ist, kommt zu keiner Reflexion.

Aber auch dann, wenn man als Erzieher alle diese Bedingungen erfüllt, gibt es noch ungelöste Probleme: Mit der »Veranlassung zur Reflexion« betreten wir nämlich pädagogisches Neuland. Erkenntnisorientierte Verantwortung war ja bisher noch kaum Thema von Erziehung oder Ausbildung. Traditionelle Werte und Normen waren weithin tabu, die Tugenden wurden nicht an (natur)wissenschaftlichen Erkenntnissen überprüft. So gibt es meines Wissens auch keine Bezeichnung für die Ausbildung zur Reflexion, geschweige denn erprobte Reflexionsstrategien – bis auf eine: die Strategie von Sokrates. Er entzog seinen Gesprächspartnern – durch Reflexion! – zunächst einmal ihre naive Sicherheit und verunsicherte sie gründlich. Dadurch veranlaßte er sie, erneut Sicherheit zu gewinnen – wenn auch nur eine relative.

In jedem Fall ist der reflektierende Mensch ein zentrales Ziel der Erziehung: Der Mensch muß lernen, mit seinem evolutionären Erbe vernünftig umzugehen, insbesondere auch mit dem Sicherheitstrieb. Nur so hat er die Chance, als evolutionär »Fallengelassener« nicht zu fallen.

Tendenz 2000 – reflektierte Lust

Mehr Flow, weniger Angst

Am 27. Juli 1999 wurden 21 Abenteuertouristen beim Canyoning in der Schweiz getötet. Unter Canyoning versteht man eine Mischung aus Trekking, Klettern und Schwimmen entlang eines Wildwassers in einer Schlucht. Die Teilnehmer sind mit speziellen Schuhen ausgerüstet, mit Neoprenanzug und Helm, gesichert sind sie durch Gurte und Seile. Am Unglückstag ließ ein Gewitter den Wildbach, den Saxetenbach im Berner Oberland in Sekundenschnelle enorm anschwellen. Die Touristen wurden mitgerissen, sie ertranken, wurden von Baumstämmen erschlagen oder an Felsen zerschmettert.

Das Unglück wurde in allen Zeitungen und Nachrichtenmagazinen beschrieben und kommentiert. Dabei ist die Rede von der „Sehnsucht nach dem Kick", von „Grenzerlebnissen als letztes Abenteuer", vom „Freizeitmensch als Kurzzeitheld", von „Angst vor Langeweile", „falscher Selbsteinschätzung", „unverantwortlichem Leichtsinn" etc. Aus der Sicht der Verhaltensbiologie läßt sich das Unglück folgendermaßen erklären: Canyoning ist ohne Zweifel ein enormes Flow-Erlebnis. Die Touristen gehen tatsächlich an die Grenze bewältigbarer Unsicherheit. Gerade deswegen ist jede weitere von außen kommende Belastung so gefährlich. Die Einschätzung der Unsicherheit bezieht sich ja auf den Normalfall. Unvorhersehbare Ereignisse zerstören das Gleichgewicht von Herausforderung und Fähigkeit. Im Falle „Saxetenbach" bestand der Fehler in der Ignoranz der zusätzlichen Gefahr durch die Auswirkungen des Gewitters oder auch auf dem Vorrang von Geschäftsinteressen. Ein weiterer Fehler war höchstwahrscheinlich die Überschätzung der körperlichen Fähigkeiten. Tatsächlich sind ja die Canyoningabenteurer in der Regel eher unsportlich, beim Canyoning kann jeder mitmachen. Überhaupt besteht eine oft ignorierte Gefahr darin, daß sportliche Fähigkeiten durch eine „sichere" Technik als überflüssig angesehen werden.

Die in den Kommentaren nicht immer klar gezogenen Konsequenzen heißen also: Beim Aufsuchen von Grenzerfahrungen müssen Spielräume für zusätzliche Ereignisse und Belastungen einkalkuliert werden. Das hat außerdem den Vorteil, mit der normalerweise verbleibenden Bewußtseinskapazität das Flow-Erlebnis reflektieren zu können.

Das Unglück im Saxetenbach war für mehrere Zeitungen und Magazine Anlaß, generell über Risikosport und Abenteuerurlaub zu berichten. Dabei wurde übereinstimmend festgestellt, daß sich in den letzten Jahren nicht nur das Repertoire der Risikoaktivitäten erheblich vergrößert hat – Trekking, Rafting, Paragliding, Freeclimbing, Canyoning, Mountainbiking, Kajaking, Bungeejumping, Down-hill-biking, Inlinescating usw. –, sondern auch die Anzahl der Abenteurer. Immer mehr Menschen aller Alters- und Einkommensklassen suchen den Kick in der Freizeit. Daß bei derartigen Aktivitäten auch tödliche Unfälle passieren, schreckt die Abenteurer offenbar nicht ab. Die Zuwachsraten sind enorm. Sie liegen bei 50 – 100 Prozent jährlich. Auch die Spezialausrüster können sich über zweistellige Zuwachsraten freuen.

Angesichts dieser Situation erheben sich zwei Fragen: Was treibt die Menschen zum Kick, zur Grenzerfahrung? Warum steigt die Zahl dieser Menschen so rapide an?

Die erste Frage hat wohl niemand fundierter beantwortet als Mihaly Csikszentmihalyi. Er hat das „Flow-Erlebnis" detailliert untersucht und die Bedingungen erforscht, die zu diesem Erlebnis führen. Leider scheinen seine Erkenntnisse in der Bundesrepublik noch wenig bekannt zu sein. In den mir vorliegenden Zeitungen und Magazinen jedenfalls habe ich keinen Hinweis auf Csikszentmihalyi gefunden. Im Aspekt der Verhaltensbiologie erweist sich, wie ich in diesem Buch gezeigt habe, das Flow-Erlebnis als Verwandlung von Unsicherheit in Sicherheit, als Lust des Sicherheitstriebes. Der evolutionäre Sinn dieses Triebes mit der dazugehörigen Lustbelohnung liegt in der Vergrößerung der Überlebenschancen und der potentiellen Lebensqualität. Nicht umsonst sagt das Sprichwort „Wer wagt gewinnt".

146

Wir kommen zur zweiten Frage: Warum suchen immer mehr Menschen Flow-Erlebnisse auf? Die naheliegende Antwort, die Ursache auf die Langeweile in unserer technischen Zivilisation zurückzuführen, ist meines Erachtens nicht ausreichend. Zumindest erklärt sie nicht den starken Anstieg der Kicksucher auf allen Ebenen. Ich meine, daß man das Phänomen im Zusammenhang mit weiteren Tendenzen sehen muß: mit der zunehmend hohen Bewertung von Gesundheit, Wohlbefinden, Reiselust und anderen Lustquellen. Man könnte von einer fortschreitenden Säkularisierung in dem Sinne sprechen, daß sich immer mehr Menschen ihrer Endlichkeit bewußt werden und versuchen, ein Maximum an Lebenslust herauszuholen. Man gibt sich nicht mehr mit jenseitigen und zukünftigen Paradiesvorstellungen zufrieden, man möchte sein Leben hier und jetzt genießen. Lust wird enttabuisiert. Das gilt auch für die Lust des Sicherheitstriebes.

Diese Tendenz läßt sich übrigens nicht nur in der Freizeit feststellen. Immer mehr Menschen wünschen sich eine interessante Arbeit, sie wollen Flow in der Arbeitswelt: Lust an Leistung (v. Cube 1999).

Nun ist gegen ein vermehrtes Luststreben gewiß nichts einzuwenden, wenn es reflektiert und verantwortungsbewußt realisiert wird. Das bedeutet insbesondere, daß man das Flowgeschehen im Griff hat, daß man sich nicht selbst oder andere gefährdet. Sollte es wirklich erlaubt sein, mit einer neuen Motorradgeneration mit über 300 km/h dahinzurasen, so wäre diese Erlaubnis unverantwortlich. Tatsächlich wird bei dieser Geschwindigkeit jedes noch so geringe zusätzliche Ereignis zur tödlichen Gefahr für Beteiligte und Unbeteiligte. Das verstößt gegen die Regeln eines verantwortbaren Flows.

Das vermehrte Ausschöpfen der natürlichen Lustpotentiale zeigt sich auch in der zunehmenden Vermeidung von Unlust. So werden von außen oktroyierte, angsteinflößende Unsicherheiten nicht mehr ohne weiteres hingenommen. Immer mehr Menschen wehren sich gegen Großrisiken wie Atomtechnik oder Gentechnik oder fordern verstärkte Kontrollen. So werden z. B. gentechnisch veränderte Nahrungsmittel weithin abgelehnt, gegen den Anbau gentechnisch veränderter Reben wurde heftig demonstriert. Das Verhalten ist verständlich: die Unsicherheiten werden als undurchschaubar und unbeeinflußbar erlebt, das heißt, sie erzeugen Angst. Politisch Verantwortliche, die auf eventuelle Vorteile moderner Techniken nicht verzichten wollen, treten dieser Angst neuerdings in Form der „Technikfolgenabschätzung" entgegen.

Ein weiteres Indiz für das Bestreben, die Lustpotentiale auszuschöpfen, sehe ich in der Hochschätzung und der Förderung von Kreativität. Gefragt ist der kreative Mitarbeiter, das kreative Unternehmen, kreative Aus- und Fortbildung. Von der Kreativität erhofft man sich die Aufrechterhaltung oder Verbesserung von Lebensqualität.

Der Flow der Kreativität

Wir haben festgestellt, daß das Flowerlebnis in der Verwandlung von Unsicherheit in Sicherheit besteht. Wenn man beim Lösen eines Problems aus mehreren Ansätzen den richtigen herausfindet, wenn man beim Bergsteigen aus den potentiellen Griffen den sicheren ermittelt, wenn man ein neues Land kennen lernt etc., erlebt man die Lust des Sicherheitstriebes. Gilt das auch für die Kreativität, für die Schaffung von etwas Neuem, einer neuen Theorie, einer technischen Erfindung, eines neuen Kunstwerkes und was wäre das Besondere am Flow der Kreativität?

Um diese Frage beantworten zu können, erinnere ich an den evolutionären Sinn des Flow-Erlebnisses: Das Bestehen von Herausforderungen, das Entdecken neuer Lebensmöglichkeiten stellt einen enormen Überlebensvorteil dar. Deswegen wird ja der Sicherheitstrieb, wie andere Triebe auch, mit Lust belohnt.

Aber damit ist Kreativität noch nicht beschrieben. Es ist ja ein erheblicher Unterschied, ob man eine gegebene Herausforderung besteht, ein gegebenes Problem löst, ein neues Land erforscht oder ob man Neues schafft, Neues erzeugt. Beim Entdecken macht man aus Unsicherheit Sicherheit, beim kreativen Tun macht man zunächst das Gegenteil: man schafft Unsicherheit. Diese ermöglicht dann das Flow-Erlebnis. Ich erinnere an den Expertenflow beim Skifahren: Es ist ein erheblicher Unterschied, ob man als Ski-As die schwierigsten Abfahrten meistert oder ob man auf die (neue) Idee kommt, einen Salto zu schlagen oder auf nur einem Ski zu fahren. Unterscheidet man bei der Kreativität diese beiden Phasen – die Schaffung von Unsicherheit und die Verwandlung dieser Unsicherheit in Sicherheit –, so besteht das Charakteristische der Kreativität ganz eindeutig in der ersten Phase. Gewiß, das Motiv der kreativen Anstrengung liegt in der zweiten Phase im Flow-Erlebnis, die erste Phase ist eine besondere Art des Appetenzverhaltens.

Die Erzeugung von Unsicherheit, auch wenn das Ziel in deren Bewältigung liegt, scheint ein typisch menschliches Verhalten zu sein. Während sich nämlich das Neugierverhalten höherer Tiere immer „nur" auf die Entdeckung und das Erkunden von Neuem beschränkt, also in der Herstellung von Sicherheit, überschreitet der Mensch diese Grenze: er löst gewohnte Wahrscheinlichkeiten und Zusammenhänge auf, schafft neue Kombinationen, denkt „divergent". Da es sich hierbei, wie kreative Menschen übereinstimmend bezeugen, um „harte Arbeit" handelt, um Mühe und Ausdauer, bedarf kreatives Verhalten besonderer Bedingungen und Motive.

So hat Csikszentmihalyi in seinem Buch „Kreativität" nachgewiesen, daß das gesamte Umfeld, insbesondere das soziale Umfeld, bei der Entstehung von Kreativität eine wichtige Rolle spielt. Die „Domäne", wie Csikszentmihalyi sagt, muß mitmachen, es muß eine Atmosphäre der Sicherheit und des Vertrauens herrschen, neue Ideen müssen anerkannt werden – Erkenntnisse, die für Wissenschaft und Unternehmen gleichermaßen bedeutungsvoll sind.

Aber nicht nur das Umfeld muß kreativitätsfreundlich sein, das Appetenzverhalten des Kreativen bedarf eines starken Motivs, nach dem Gesetz der doppelten Quantifizierung also einer hohen Triebstärke und Reizstärke. Dabei darf der „Hunger" nach Neuem nicht durch andere Herausforderungen oder Situationen gestillt werden.

Damit sind wir bei der dritten wichtigen Bedingung für Kreativität: der Konzentration auf die Herstellung von Neuem. Die kreative Energie darf nicht durch festgelegte Herausforderungen oder vielerlei Jobs in Anspruch genommen sein. Auch diese

Erkenntnis ist für eine kreative Arbeitswelt von größter Bedeutung: Die Bedingung macht klar, daß der Experte, dem schon alles sicher geworden ist, die beste Chance hat, neue Unsicherheiten zu schaffen. Aber auch Not kann erfinderisch machen: die Konzentration ist maximal.

Kreativität läßt sich nicht anordnen. Man kann noch so günstige Bedingungen und Motive schaffen; zur Verwirklichung von Kreativität kommt es nur durch die „kreative Persönlichkeit". Diese ist schon häufig mehr oder weniger exakt beschrieben worden: als komplex, Gegensätze in sich vereinigend, phantasievoll, intelligent und kindlich zugleich. Kreative haben die Fähigkeit des divergierenden Denkens, mit Handlungsmustern zu brechen, neue Zusammenhänge zu sehen etc. Strittig ist, ob sich Kreativität erlernen und damit auch vermitteln läßt. Tatsächlich spricht vieles dafür, daß die Fähigkeit der Kreativität weitgehend angeboren ist. „Begnadete" (!) Künstler, Wissenschaftler, Erfinder haben ihr überragendes Können ja nicht gelernt – von wem auch? Außerdem ist die kreative Begabung, wie andere Begabungen auch, meist eng an eine Domäne gebunden. Das bedeutet nicht, daß man kreative Fähigkeiten nicht fördern könnte. Neben einem kreativitätsfreundlichen Umfeld können Anleitungen zur Erzeugung von Unsicherheit wie beispielsweise Vergrößern des Repertoires, Auflösen gewohnter Wahrscheinlichkeiten und Denkgewohnheiten, Transferieren, Kombinieren und dergleichen durchaus hilfreich sein.

Nicht versäumen möchte ich, darauf hinzuweisen, daß – entgegen einem weitverbreiteten Vorurteil – auch ältere Menschen kreativ sein können: Platon verfaßte mit 80 Philebos, Theodor Fontane schrieb mit 79 den Roman „der Stechlin", Giuseppe Verdi komponierte mit 79 die Oper Falstaff, Iwan Pawlow entdeckte mit 78 den bedingten Reflex, Stradivari baute Geigen bis zum 95. Lebensjahr.

Angstvermeidung durch Folgenabschätzung

Die Evolution „arbeitet" bekanntlich mit zwei Komponenten, mit Mutation und Selektion. Durch Mutation entstehen immer wieder neue Lebensformen, durch Selektion bleibt von diesen nur der Teil erhalten, der einer gegebenen Umwelt angepaßt ist, der also über eine ausreichende Fitneß verfügt. Mit seiner Fähigkeit der Kreativität erzeugt der Mensch selbst Neues, neue Techniken, neue Gesellschaftsformen, neue Lebensqualitäten. Dabei arbeitet er äußerst effektiv, schnell und vielfältig. Insofern läßt sich die Kreativität des Menschen mit der Mutation der Evolution vergleichen. Wie aber steht es mit der „Selektion" der Kreationen? Auch diese hat der Mensch in die Hand genommen. Er entscheidet über Einsatz und Fortbestehen seiner Erzeugnisse. Damit hat er das Ende der natürlichen Evolution herbeigeführt. Nicht mehr die natürliche Umwelt fungiert als Selektionsinstanz, der Mensch selektiert höchstselbst.

Nun sind durch die natürliche Selektion schon zahlreiche Mutationen zugrunde gegangen. Der Mensch hat bisher Glück gehabt – obwohl seine Selektionskriterien sich vor allem an der Luststeigerung orientierten. Neuerdings zeigen sich jedoch auch negative Folgen, und zwar immer deutlicher: Das vielgeliebte Auto schädigt die Umwelt, moderne Waffensysteme bedrohen die gesamte Menschheit, mit der Gentechnik können unabsehbare Mutationen (im wörtlichen Sinn) erzeugt werden. Es ist klar, daß mit den globalen Risiken moderner Techniken auch die Ängste anwachsen, diese Techniken zu beherrschen und deren Folgen im Griff zu haben. So kam es zur Installation der „Technikfolgenabschätzung" und zur Bildung von „Ethikkommissionen".

Diese Einrichtungen sind sehr zu begrüßen. Der Mensch kann auf Innovationen durch Kreativität nicht verzichten – er würde höchstwahrscheinlich zugrunde gehen –, aber er muß die Folgen seiner Kreationen möglichst genau abschätzen. Dabei muß, um die Lebensbedingungen zu erhalten und die Gesundheit nicht zu gefährden, auf das eine oder andere Machbare verzichtet werden. So werden beispielsweise chemische oder biologische Waffen „geächtet", während gentechnische Methoden zur Herstellung von Medikamenten gefördert werden.

Weiterhin zu begrüßen ist, daß sich die Folgenabschätzung zunehmend auch auf das Verhalten von Menschen, insbesondere von Kindern bezieht. In den USA scheint man neuerdings zu begreifen, daß Kinder und Jugendliche, deren Verantwortungsbewußtsein ja noch nicht ausgereift ist, auch nicht über tödliche Waffen verfügen dürfen. Man erkennt, welche Folgen dauerhafte und brutale Gewaltdarstellungen im Fernsehen für (noch nicht reflexionsreife) Kinder und Jugendliche haben können. Insgesamt meine ich, obwohl viele Einzelfälle dagegen sprechen, eine Tendenz zum sorgfältigeren und verantwortungsbewußteren Umgang mit der Selektionsphase der Kreativität feststellen zu können. So fordert Csikszentmihalyi, „... daß man die Kontrolle über die kreative Energie behält und nicht zuläßt, daß sie sich ungezielt verteilt". Bezüglich der Unternehmen schreibt J. Kao: „Wir brauchen nicht irgendwelche Ideen, sondern sinnvolle Ideen, die zu Produkten und Dienstleistungen führen, die die Kunden schätzen."

Halten wir fest: Kreativität ist potentiell vorteilhaft, ihre Gefahr liegt in einer mangelnden oder fehlenden Selektion.

Glücklicherweise gibt es einen weiten Bereich von Kreativität, der außerhalb dieser Gefahrenzone liegt und daher auch auf gefahrenbezogene Selektionskriterien verzichten kann: Der Bereich der Kunst, der Mode, der Werbung. Der Maler, der Komponist, der Dichter kann sich der Kreativität ohne Angst vor schlimmen Schäden hingeben. Die Selektion erfolgt nach ästhetischen Kriterien oder nach dem Geschmack der Massen oder Medien. Dasselbe gilt für den Modeschöpfer. Er kann seiner Kreativität freien Lauf lassen. Auch die „Kreativen" der Werbebranche können keinen Schaden anrichten – es sei denn, daß sie für schädliche Produkte werden.

Geht man davon aus, daß immer mehr Menschen sich ohne kindliche Illusionen ihres Fallengelassenseins (Lorenz) bewußt werden, so liegt die Annahme nahe, daß sie versuchen werden, ihre natürlichen Lustquellen auszuschöpfen, insbesondere also Flow zu genießen. Die Gefahr, die mit einem solchen Luststreben verbunden ist, liegt in einer mangelnden Reflexion, einem mangelnden Verantwortungsbewußtsein sich selbst und anderen gegenüber (Dehner 1998). Deswegen werden moralische Überlegungen zunehmend in den Vordergrund treten (müssen), ganz besonders natürlich in der Erziehung.

Literatur

Apter, M.: Im Rausch der Gefahr. München 1994.

Beck, U.: Risikogesellschaft. Auf dem Weg in eine andere Moderne. Frankfurt a. M. 1989.

Beck, U.: Risikogesellschaft. Überlebensfragen, Sozialstruktur und Ökologische Aufklärung. In: Aus Politik und Zeitgeschichte. Beilage zur Wochenzeitung Das Parlament, B 36/89.

Capra, F.: Wendezeit – Bausteine für ein neues Weltbild. Bern, München, Wien 1983.

Csikszentmihalyi, M.: Das Flow-Erlebnis. Stuttgart 1987.

Csikszentmihalyi, M.: Kreativität. Stuttgart 1997.

v. Cube, F.: Die drei Naturgesetze der Erziehung – Versuch einer Systematik. In: Bildung und Erziehung an der Schwelle zum dritten Jahrtausend. Hrsg. von N. Seibert/H. J. Serve. München 1994 (1994a).

v. Cube, F.: Kybernetische Grundlagen des Lernes und Lehrens. Stuttgart 1982.

v. Cube, F./Alshuth, D.: Fordern statt Verwöhnen. München 1986, 8. Aufl. 1995

v. Cube, F.: Besiege deinen Nächsten wie dich selbst – Aggression im Alltag. München 1989, 4. Aufl. 1994.

Cube, F. v.: Lust an Leistung, München 1998, 5. Auflage 1999

Dehner, K.: Lust an Moral, Darmstadt 1998.

Deutsche Bischofskonferenz und der Rat der Ev. Kirche in Deutschland: Verantwortung wahrnehmen für die Schöpfung. Köln 1985.

Ferguson, M.: Persönliche und gesellschaftliche Transformation im Zeitalter des Wassermanns. Basel 1982.

Kao, J.: „Jamming", New York 1996.

Küng, H.: 20 Thesen zum Christsein. München 1988.

Lorenz, K.: Das sogenannte Böse. München 1973.

Lorenz, K.: Der Abbau des Menschlichen. München 1983.

Lorenz, K.: Kants Lehre vom Apriorischen im Lichte gegenwärtiger Biologie. In: Die Evolution des Denkens, Hrsg.: Lorenz, K./ Wuketis, F. M. München 1984.

Melcher, H.: Albert Einstein wider Vorurteile und Denkgewohnheiten. Berlin 1988.

Müller, J.: Auf dem Weg in ein neues Zeitalter. In: New-Age aus christlicher Sicht. Freiburg 1987.

Popper, K. R.: Die Logik der Sozialwissenschaften. In: Adorno, Th. W. u. a.: Der Positivismusstreit in der deutschen Soziologie. Darmstadt 1972.

Rheinberg, F./Dirksen, U./Nagels, E.: Motivationsanalysen zu verschieden riskantem Motorradfahren. In: Zeitschrift für Verkehrssicherheit 32 (1986), 2.

Rheinberg, F.: Flow-Erleben. Freude an riskantem Sport und andere »unvernünftigte« Motivationen. In: Heckhausen, H./ Kuhl, J. (Hrsg.): Kognition, Motivation und Handlung. Göttingen 1990/91.

Schradi, C.: Pädagogische Forderungsstrategien dargestellt am Beispiel des alpinen Skilaufs. Aachen 1994.

Semler, G.: Die Lust an der Angst. München 1994.

Simson, W.: Glauben an die neue Zeit? New-Age – die andere Religion. Basel, Gießen 1988.

Tibusek, J.: Die neue religiöse Kultur. New-Age: Personen, Organisationen, Zitate. Basel 1988.